KB142507

선생님,
수해력이
뭐예요?

선생님, 수해력이 뭐예요?

초판 1쇄 발행 2021년 12월 31일
초판 2쇄 발행 2022년 5월 18일

지은이 김세환
펴낸이 김승희
펴낸곳 도서출판 살림터

기획 정광일
편집 조현주·송승호
디자인 유나의숲

인쇄·제본 (주)신화프린팅
종이 (주)명동지류

주소 서울시 양천구 목동동로 293, 2215-1호
전화 02-3141-6553
팩스 02-3141-6555

출판등록 2008년 3월 18일 제313-1990-12호
이메일 gwang80@hanmail.net
블로그 http://blog.naver.com/dkffk1020

ISBN 979-11-5930-207-7(03370)

* 책값은 뒤표지에 있습니다.
* 잘못된 책은 바꾸어 드립니다.
* 이 책은 저작권법에 따라 보호를 받는 저작물이므로 무단 전재와 복제를 금합니다.

선생님, 수해력이 뭐예요?

초등 수학의 시작

김세환 지음

살림터

손으로 말하는
수학의 힘

부푼 마음을 안고 처음 교단에 섰던 때의 기분이 아직도 생생하다. 그때는 열정이 넘치는 교사였기에 내가 가르치는 모든 수업이 아이들의 배움으로 나타나리라 믿어 의심치 않았다. 열심히 준비한 만큼 수업 시간 아이들의 대답 소리는 우렁찼고, 아이들의 눈빛 또한 그러했다. 첫 평가를 치르기 전까지는….

모두 다 알고 있을 거라 생각했고, 최선을 다해 가르쳤다고 생각했다. 하지만 내 예상과는 다르게 너무나 기초적인 부분 언저리에서 헤매는 아이들이 많았다. 내가 그들을 미처 못 본 것이다.

수학 시간이 누구보다 힘들고, 차마 답이 틀릴까 두려워 대답조차 하지 못했던 아이들. 다른 친구들의 대답 소리에 묻혀 가고 있으나 자신 없고, 그 시간이 힘겨워 이른바 스스로 '수포자'라 일컬었던 아이들. 실제로 그런 아이들은 아주 어렸을 때부터 수학을 어려워했고, 학년마다 어려워했던 부분들이 쌓여서 막상 해당 학년의 수학 시간에는 수업에 참여하지 못하고 딴짓을 하는 경우가 허다했다.

교육평가원에서 학생 50명을 2년간 추적한 결과에 따르면, '수포자'의 첫 갈림길은 초등학교 3학년 분수부터라고 한다. 단순 연산에 그치던 초등학교 2학년 수학과 달리 3학년이 되면서 분수와 도형을 접하게 되는데, 초등학교 1~2학년에서 기초연산을 확실히 이해하지 못한 경우

새롭게 등장하는 수학 개념에 어려움을 느끼는 것이다.

지금도 생각나는 아이가 있다. 전남초등놀이수학체험전을 운영할 때, 체험을 다 마치고 사은품을 가져가는 아이가 이렇게 말했다.

"수학이 너무 재미있어요. 또 언제 해요?"

이 한마디가 아직도 가슴 깊이 남아 있다. 이 마음을 학교 교실 수업 현장으로 가져오고 싶었다. 교육과정과 연계되어 수학 수업 시간에 기초학력을 보장하면서 수학에 흥미를 느끼게 해 주는 방법은 없을까?

수학을 어려워하는 아이들에게 수학이 그렇게 멀고도 어려운 것이 아님을 느끼게 해 주고 싶었다. 늘 도망가고 싶은 수학 시간이 아닌, 재미있는 활동이 기다려지는 시간이길 바랐다.

이 책은 그런 친구들에게 어떻게 하면 좀 더 도움을 줄 수 있을까 하는 고민에서 출발하게 되었다.

그 답을 전라남도교육청에서 정의한 '수해력'에서 찾고자 한다. 초등학교 1~2학년 수준에 맞는 구체적 조작 활동과 놀이 활동을 통해서 놀이가 놀이로 끝나는 것이 아니라 개념 이해로 이어지는 기초 수해력 활동 등을 함께 나누고 싶다.

또한 여기서 멈추지 않고 '손으로 말하는 수학'은 절대 아이들을 실망에 빠뜨리지 않는다는 신념으로 앞으로도 기초학력을 보장하기 위한 손으로 말하는 수학 활동을 연구해 나갈 것이다.

마지막으로 이렇게 손으로 말하는 수학 수업을 연구할 수 있도록 이끌어 주시고 아낌없이 지원해 주시는 김보경 교장 선생님과 전남초등놀이수학연구회 회원분들께 감사의 인사를 올린다.

2021년 겨울
김세환

· 차례 ·

2×0 = 2(?)
곱셈 제대로 알기

1

수리력? 수해력?
수해력 제대로 알기

✓ 체크포인트 1.
  우리 아이 수학을 어려워하고 싫어하는가?

✓ 체크포인트 2.
  우리 아이 수해력 수준은 어떤가?

01
우리 아이 수포자는 아닐까?

아이들은 '수학' 하면 무엇을 떠올릴까?

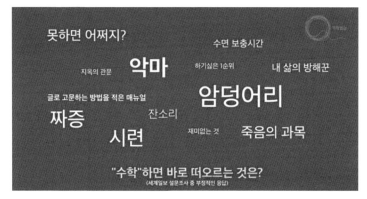

출처: 사교육걱정없는세상

사교육걱정없는세상에서 조사한 자료에 따르면, 아이들이 '수학' 하면 떠올리는 부정적인 응답에는 악마, 암 덩어리, 죽음의 과목 등이 있다. 성적이 중·하위권 아이들을 중심으로 '수학은 악마다', '죽음의 과목'이란 부정적인 대답이 쏟아졌고, 성적이 상위권 중에서도 '수학=학원'이라거나 '두렵다'라고 대답한 아이들이 있었다.

아이들이 수학을 떠올리면 생각나는 단어들만 봐도 알 수 있듯이, 우리 주변에는 다른 과목과 다르게 수학을 부정적으로 생각하는 아이들이 많이 있다.

수학 포기자들이 언제 가장 많이 생기는 걸까? 대학수학능력시험을 앞둔 고등학교 3학년 때일까?

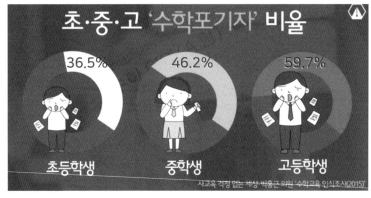

출처: 사교육걱정없는세상

사교육걱정없는세상에서 조사한 자료에 따르면, 초등학생은 36.5%, 중학생은 46.2%, 고등학생은 59.7%로 수학 포기자들이 점점 증가하는 것으로 나타났다.

왜 수학 포기자가 늘어날까?

아마도 수학 교과의 특성상 위계성이 있어서, 선수학습이 되지 않으면 점점 어려워지기 때문이 아닐까? 저학년 수학은 어려운 개념이 나오더라도 조금만 노력하면 해결할 수 있으므로 포기하지 않고 어떻게든 버틴다. 하지만 **학년이 올라갈수록 수학에 대한 이해도가 떨어지고, 이로 인해 수학에 대한 흥미와 재미가 사라지면서 자연스럽게 수학을 포기하게 되는 것이다.**

수포자 첫 갈림길은 초등 3학년 '분수'

조유라 기자　입력 2019-03-25 03:00　수정 2019-03-25 04:27

교육평가원 학생 50명 2년 추적
이해하기 어려운 추상적 개념… 제대로 못익히면 고학년까지 영향
"개념 이해 학습 집중지원 필요"

"나 수학하기 싫은데…. 수학 포기하고 싶어요."

권모 양(10)은 수학시간이 무섭다. 분자와 분모 등 선생님이 하는 말은 수수께끼 같기 때문이다. 4학년인 권 양은 분수의 연산을 이해하지 못해 방학 때 담임교사와 따로 공부를 하기도 했지만 여전히 '진분수와 가분수'가 헷갈린다.

권양처럼 '수포자(수학을 포기한 학생)'가 될 가능성이 높은 시기는 초등 3학년 '분수' 개념을 배울 때라는 연구결과가 나왔다.

출처: 동아일보 2019년 3월 25일 기사

한국교육과정평가원의 「초·중학교 학습부진 학생의 성장 과정에 대한 연구」에 따르면 학습부진에 빠진 학생 50명을 2017년부터 2년간 추적 조사한 결과, **수학을 배우는 데 어려움을 경험한 최초의 시점은 초등학교 3학년**으로 나타났다.

단순 연산에 그치던 초등학교 2학년 수학과 달리 3학년이 되면서 분수와 도형을 접하게 되는데, 초등학교 1~2학년에서 기초연산을 확실히 이해하지 못한 경우 새롭게 등장하는 수학 개념에 어려움을 느끼는 것이다.

수학은 교과 특성상 하급 학년에서 배운 개념 위에 상급 학년에서 배우는 새로운 개념이 올라가는데, 아래 단계 개념의 기초가 튼튼하지 못하면, 위로 쌓이는 새로운 개념이 안정적으로 형성되지 못하는 것이다.

수학 포기자들을 줄일 수 있는 방법은 무엇일까? 그 답은 한국교육과정평가원의 연구 결과에서 쉽게 찾을 수 있다. 초등학교 3학년 때 처음으로 수학을 어려워하기 시작하므로, 3학년에서 배우는 수학 개념이 안정적으로 형성될 수 있도록 **초등학교 1~2학년에서 배울 때 개념의 기초를 튼튼하게 해 주어야 한다.**

02
우리 아이 수해력은 괜찮을까?

수해력이 뭐예요?

전라남도교육청에서 정의한 수해력에 대해 살펴보면, 수해력이란 초등학교 1~2학년 때부터 기초학력 보장으로 학습부진을 조기에 예방하기 위해 강조한 순수한 수에 대한 산술능력이다.

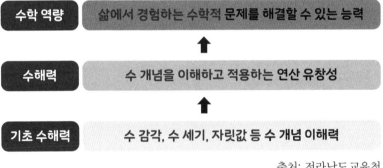

출처: 전라남도교육청

기초 수해력은 초등학교 1~2학년 수학과 성취기준을 기준으로 수 감각, 수 세기, 자릿값 등에 대한 수 개념 이해력을 의미한다. 이런 기초 수해력(수 감각, 수 세기, 자릿값 등에 대한 수 개념 이해력)을 바탕으로 덧셈, 뺄셈, 곱셈 등의 연산을 유창하게 할 수 있는 능력이 수해력이다.

왜 수해력이 필요할까?

수학 포기자가 생기게 된 이유는 무엇일까? 초등학교 1~2학년 선생님들이 수학을 대충 지도했기 때문일까? 당연히 아니다. 먼저 초등학교 1~2학년 아이들의 특성을 살펴보자.

> **학생1:** "선생님, 화장실 다녀와도 돼요?"
> **선생님:** "네, 다녀오세요."
> **학생2:** "선생님, 저도 화장실 다녀와도 돼요?"
> **선생님:** "여러분, 쉬는 시간이니깐 화장실 다녀올 친구들은 다녀오세요."
> **학생3:** "저도 화장실 가고 싶어요."
> **학생4:** "선생님, 화장실은 언제 가요?"
> .
> .
> .

초등학교 1학년을 맡아 보았다면 공감할 것이다. 여러 번 알려 주었지만 되돌아오는 것은 똑같은 질문일 뿐이다.

1학년 교실을 살펴보면 아이들 수는 많지만 선생님은 한 명뿐이다. 선생님 한 명이 모든 아이들의 배움 과정을 살펴보기는 어렵다. 아이 한 명 한 명의 출발점을 진단하고 각각의 아이들에게 적절한 학습 내용을 제공한다는 것은 더욱더 어렵다.

그렇다고 초등학교 1학년 수업을 강의식으로 진행할 수 있을까? 어떻게든 할 수는 있겠지만 1학년 아이들에게 의미 있는 배움이 일어나지는 못할 것이다. 학령기 아동의 인지발달 특징(Piaget)에 따르면, 학령기 아동의 인지발달은 "**1학년 아이들에게 의미 있는 배움은 구체물을 통한 학습 또는 놀이를 통한 자연스러운 의사소통**이 이루어질 때" 일어나기 때문이다.

　이런 점을 보완하기 위해 전라남도교육청에서는 '기초학력 전담교사제'를 운영하였다. 이것은 교육부에서 실시한 2021년 교육 분야 정부혁신 우수 사례 경진대회에서 대상을 수상하였다.

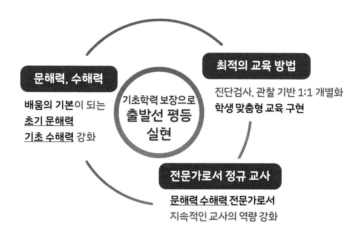

출처: 전라남도교육청

　'기초학력 전담교사제'는 학교 교육의 평등한 출발선을 보장하고 초등학교 저학년이면 누구나 읽고, 쓰고, 셈하는 데 어려움이 없는 교실을 만들기 위해 초기 문해력, 기초 수해력을 강조한 것으로 전라남도교육청이 전국 최초로 도입한 정책이다. 배움의 기본이 되는 초기 문해력, 기초 수해력에 집중한 정책이다.

그렇다면 수해력이 길러졌는지
어떻게 알 수 있을까?

매년 학년 초가 되면 전국 초등학교에서는 3학년부터 6학년을 대상으로 기초학력 진단검사를 실시한다. 아이들의 선수학습 능력 및 교과별 기초학력 부진 영역을 조기에 파악하여 결손을 신속하게 보정하고 지도할 기회를 제공하기 위한 것이다.

특히 초등학교 3학년의 경우 초등학교 1~2학년 교육과정 범위에서 읽기, 쓰기, 셈하기를 진단하게 된다.

그런데 수학에 어려움을 느끼고 있는 초등학교 1~2학년 아이들을 위한 진단은 없다. **초등학교 1~2학년에서 배우는 수학 개념이 중요하다고 하지만 정작 진단은 초등학교 3학년이 되어서야 하게 되는 것이다.**

03
수해력을 어떻게 진단할 수 있을까?

2학년을 맡았을 때 덧셈과 뺄셈 단원에서 덧셈 계산을 어려워하는 아이를 발견하였다.

세로셈 계산을 어려워하는 것 같아서 세로셈 형태의 학습지를 반복해서 제공하였다. 일주일이 지나자 틀린 문제가 거의 없었다. 너무나 기특하였다. 그렇게 한 달 뒤 형성평가를 보았는데… 어땠을까?

또 똑같이 틀리고 말았다. 무엇이 문제였던 걸까? 세로셈이 문제가 아니라 다른 부분을 어려워했던 것은 아닐까? 부족한 부분을 정확하게 진단할 수 있었다면 아이에게 적절한 도움을 줄 수 있지 않았을까?

이렇게 어려움을 느끼는 선생님들을 위해서, 전라남도교육청에서는 2020년에 3학년이 실시하는 진단검사처럼 1~2학년 아이들을 대상으로 일시에 진단하는 수해력 기본 진단도구뿐만 아니라 영역별로 부족한 부분을 심층적으로 진단할 수 있는 수해력 심층 진단도구를 개발하여 안내하였다.

수해력 기본 진단도구[1]

수해력 기본 진단도구는 1차 개발한 문항의 신뢰도를 높이기 위해 전남 소재 초등학교 1~3학년 1,088명을 대상으로 예비검사를 실시하였다. 예비검사를 바탕으로 문항별 응답과 정답률을 분석하여 문항을 수정하였다. 이를 토대로 학기별 기준 점수가 정해졌는데, 기준 점수는 예비검사를 실시한 아이 중 70% 이상의 아이들이 통과한 점수로 하였다.

구분	진단영역	문항 수	진단 시기	기준 점수	관련 단원
1학년 1학기	수 감각, 수 세기, 자릿값, 덧셈, 뺄셈	25문항	1학년 1학기 교육과정 이수 후	20점	1-1-1. 9까지의 수 1-1-5. 50까지의 수 1-1-3. 덧셈과 뺄셈
1학년 2학기	수 감각, 수 세기, 자릿값, 덧셈, 뺄셈	25문항	1학년 2학기 교육과정 이수 후	20점	1학년 1학기 단원 1-2-1. 100까지의 수 1-2-2. 덧셈과 뺄셈(1) 1-2-4. 덧셈과 뺄셈(2) 1-2-6. 덧셈과 뺄셈(3)
2학년 1학기	자릿값, 덧셈, 뺄셈, 곱셈	25문항	2학년 1학기 교육과정 이수 후	20점	1학년 2학기 단원 2-1-1. 세 자리 수 2-1-3. 덧셈과 뺄셈 2-1-6. 곱셈
2학년 2학기	자릿값, 덧셈, 뺄셈, 곱셈	25문항	2학년 2학기 교육과정 이수 후	20점	2학년 1학기 단원 2-2-1. 네 자리 수 2-2-2. 곱셈구구

 학년별, 학기별로 진단

전체를 대상으로 학급 단위로 일시에 진단 가능

수해력에 대한 이해 정도를 파악하는 용도로 활용

진단 소요 예상 시간은 10~20분

한글 미해득 아이는 교사가 문항을 함께 읽어 가며 진단

결과 중심의 진단도구

---

1 수해력 기본 진단도구는 부록(189쪽)에 첨부하였다.

수해력 심층 진단도구[2]

수해력 심층 진단도구는 수해력 기본 진단도구 검사를 통해 수해력 교육이 필요하다고 선정된 아이들을 대상으로 영역별로 진단할 수 있도록 구성되어 있다. 일대일 대면을 통해 수해력이 부족한 부분을 진단할 수 있고 진단 소요 예상 시간은 영역별로 다르다.

영역	진단 내용
수 감각	분류하기, 규칙성, 보존성, 묶음 인식, 비교
수 세기	일대일 대응, 안정된 수 이름, 집합수, 순서무관의 원리, 앞으로 세기, 거꾸로 세기, 뛰어 세기, 수 읽기, 수 세기
자릿값	묶어 세기, 네 자리 수까지 읽고 쓰기, 각 자리의 숫자가 나타내는 값 알기
덧셈	받아올림이 없는(있는) (한 자리 수) + (한 자리 수), 받아올림이 없는 (두 자리 수) + (한 자리 수), 받아올림이 없는(있는) (두 자리 수) + (두 자리 수)
뺄셈	한 자리 수 뺄셈, 받아내림이 없는(있는) (두 자리 수) - (한 자리 수), 받아내림이 있는 (두 자리 수) - (두 자리 수)
곱셈	묶어 세기, 곱셈 의미, 곱셈식

 특징
수해력 기본 진단도구 미도달 아이를 대상으로 심층 진단
일대일 대면으로 교구를 활용하여 수해력 영역별로 부족한 부분 진단
진단 소요 예상 시간은 영역별, 아이별로 다름
한글 미해득 아이는 교사가 문항을 함께 읽어 가며 진단
과정 중심의 진단도구

---

2 수해력 심층 진단도구는 부록(209쪽)에 첨부하였다.

정리하면 수해력 기본 진단도구는 학기별로 학급 전체 아이들을 대상으로 학기 초 또는 학기가 종료된 후에 실시하여 수해력 도달, 미도달 여부를 통과 기준 점수로 진단하는 결과 중심이다.

수해력 심층 진단도구는 기본 진단검사 결과 미도달 아이를 대상으로 일대일로 수해력의 영역(수 감각, 수 세기, 자릿값, 덧셈, 뺄셈, 곱셈)에 대해 활동의 과정을 살펴보면서 부족한 수해력의 영역과 요소를 정밀하게 진단할 수 있는 과정 중심이다.

진단검사	구성	대상	시기	방법	진단
수해력 기본	학기별	학급 전체	학기 종료 후 교사 판단	학급 단위 검사	결과 중심
수해력 심층	영역별	기본 진단검사 결과 미도달	수시 교사 판단	일대일 검사	과정 중심

수해력 기본 진단도구와 수해력 심층 진단도구를 통해서 초등학교 1~2학년 아이들도 수해력에 대한 정확한 진단을 할 수 있고 이를 통해서 수학과 기초학력 부진을 최소화할 수 있다.

1. 기초 개념을 탄탄하게 다져라.

이전 학년에서 배운 개념의 기초가 튼튼하지 못하면, 다음 학년에서 배우는 새로운 개념이 안정적으로 형성되지 못한다. 각 학년에서 배워야 할 핵심 개념을 파악하여 탄탄하게 다져야 한다.

2. 초등학교 1~2학년부터 시작하라.

수학을 배우는 데 어려움을 경험한 최초의 시점이 초등학교 3학년이라고 한다. 어려움을 경험하지 않게 하려면 초등학교 1~2학년 수학에 집중해야 한다. 기초연산부터 구체적인 조작 활동을 통한 개념 이해가 필요하다.

3. 수해력을 진단하라.

기초학력 진단검사는 초등학교 3학년부터 실시되지만, 수해력은 초등학교 1~2학년 때부터 수시로 진단해야 한다. 초등학교 1~2학년 때부터 수해력을 진단하여 학습부진을 조기에 예방해야 한다.

0과 100의 가운데는 10?
수 감각 제대로 알기

✓ 체크포인트 1.
무엇을 세어야 하는지 아는가?

✓ 체크포인트 2.
규칙을 찾을 수 있는가?

✓ 체크포인트 3.
배열만 다를 뿐 수는 똑같다는 것을 아는가?

✓ 체크포인트 4.
묶음으로 인식하는가?

✓ 체크포인트 5.
일대일 대응하며 수를 비교하는가?

01
수를 글자 크기로 비교해요

수를 글자 크기로 비교하면 안 돼요.

선생님: "두 수를 비교해 볼까요?"

학생1: "3이 더 커요."

학생2: "아니, 7이 더 커요."

학생3: "당연히 7이 더 크지."

학생1: "······."

수학 수업 시간에 발표는 잘하지만, 유독 활동에 참여하지 못하고 딴짓하는 아이가 있었다. 무심코 던졌던 질문으로 이 아이가 어떤 어려움을 느끼는지 알 수 있었다.

이 아이는 무엇을 헷갈리고 있는 걸까?

숫자의 크기가 다른 두 카드를 제시하고 두 수의 크기를 비교하라고
했을 때, 실제로 이 아이는 글자 크기에 대해서 잘 반응하였다. 숫자의
크기에 대한 감이 떨어져서, 두 수의 크기를 비교할 때 글자의 크기가
큰 쪽을 고르려는 것을 잘 억제하지 못하여 실제 숫자의 크기가 아니
라 글자의 크기가 큰 것을 골랐다. 이는 숫자 간의 관계를 이해하지 못
한 경우이다.

숫자 간의 관계를 잘 이해하고 있는지 알아볼 방법을 더 찾아보자.
0부터 100이 적힌 수직선을 제시하는 것이다. 수직선에 특정 숫자의
위치에 점을 찍는 활동으로 수에 대한 감각을 살펴볼 수 있다. 이처럼
공간과 수의 관계에 대한 반응을 '심척'이라고 한다.

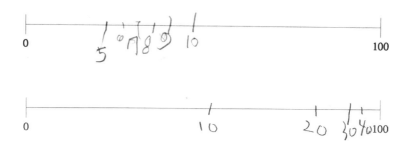

0과 100의 가운데에 10을 표시하는 아이들이 많았다. 어떤 아이는
10씩 뛰어 세기를 나타내는데 100에 가까워질수록 쓸 수 있는 칸이 줄
어들어서 당황하기도 하였다. 수의 크기, 어림, 심척 수직선 형성에 어
려움을 느껴 연산 효과에 대한 감각이 부족한 것이다.

우리는 누구나 수 감각을 가지고 태어난다. 수 감각은 단순히 수를

세거나 물건의 수량과 숫자를 연결시키는 것뿐 아니라 크기 개념, 숫자 간의 관계, 연산 원리, 십진법, 수의 조작, 자릿수 등을 모두 이해하는 것이다.

NCTM(2000)은 수를 자연스럽게 분해하고, 참조 대상으로서 특정한 수를 사용하고, 문제를 해결하는 데 계산 방법 사이의 관계를 이용하고, 십진 체계를 이해하며 어림하고, 수의 절대적 크기와 상대적 크기를 아는 것을 수 감각이라고 정의하였다.

수 감각의 정의에서도 알 수 있듯이 유치원이나 초등학교 저학년 아이의 수 감각은 향후 연산 능력을 예측할 수 있는 강력한 변인이다. 그러므로 **수 감각은 수학 성취에 결정적으로 영향을 미치는 필수 요소라고 할 수 있다.**

중요한 점은 적절한 훈련을 통해 수 감각을 향상시킬 수 있다는 것이다. 즉, **수 감각은 특정한 단원에서만 지도하는 것이 아니라 모든 수학 수업에서 다루어져야 한다.**

또한 특정한 기술을 통해 단시간에 길러지는 것이 아니므로 아이들이 생활 속에서 수 감각을 사용하도록 꾸준히 지도해야 한다.

만약 수 감각이 부족한 아이가 있다면, 수 감각의 어떤 부분을 어려워하는지 어려워하는 부분에 대한 지도 방안은 무엇인지 살펴볼 필요가 있다.

학교 주변에서 수 찾기

- 영역: 수 감각
- 인원: 2~4명씩 모둠으로 구성
- 준비물: 주변의 사물들, 태블릿
- 활동 방법
  1. 모둠끼리 교실 안 또는 학교 안을 돌아다니며 수로 나타낼 수 있는 것들을 찾는다.
  2. 수로 나타낼 수 있는 장면이나 사물을 태블릿으로 찍는다.
  3. 교실로 돌아와서 태블릿으로 찍은 장면을 다른 모둠에게 설명한다.

[자전거의 수]   [장미꽃의 수]

- 태블릿으로 찍은 장면이나 사물을 발표할 때 대상이 몇 개인지, 수와 관련하여 설명하게 한다.

02
무엇을 세어야 하는지 몰라요

분류하기를 하지 못하면 수 세기가 안 돼요.

출처: 1학년 1학기 교과서 10쪽

"이 그림을 보고 알 수 있는 것을 말해 볼까요?"

이 질문에 한 아이가 "승용차는 5대입니다."라고 말했다. 이 아이는 무엇을 헷갈린 걸까? 승용차의 수를 잘못 센 걸까? 아니면 자동차와 자전거를 헷갈린 걸까?

이때에는 한 번 더 물어보는 것이 좋다.

"그렇다면 자전거는 몇 대일까요?"

이때 아이가 자전거의 수로 5대가 아닌 다른 답을 말했다면, 분류하기를 잘할 수 있는지 진단해 보아야 한다.

분류하기는 유의미한 수 세기를 하기 위해서 꼭 필요한 수 감각이다.

자전거가 몇 대 있는지 알고 싶다면, 먼저 자전거를 인식하고 자동차 등 다른 탈것과 분리할 수 있어야 한다.

즉, 수 세기를 하기 전에 무엇을 셀 것인지를 알아야 하며, 무엇을 셀 것인지를 인식하는 데 도움을 주는 것이 분류이다. 무엇을 세야 하는지 모른다면 셀 수도 없으므로 분류는 수 감각과 수 세기 기능을 향상시키는 데 매우 중요하다.

고래밥 이름 짓기

- 영역: 수 감각-분류하기, 수 세기
- 인원: 4명 1모둠
- 준비물: 1모둠당 고래밥 1개씩
- 활동 방법
  1. 고래밥을 터서 8절 도화지 위에 올려놓는다.
  2. 모둠원들과 함께 종류별로 분류한다.
  3. 각각 몇 개씩인지 세어 보고 가장 많이 나온 것으로
     과자 이름을 정한다.

- 과자를 보면 서로 먹고 싶은 마음이 앞서므로 쪼개진 조각들을 먼저 먹게
  한 후 시작하는 것이 좋다.
- 분류된 것을 셀 때 "더 쉽게 셀 수 있는 방법은 무엇일까?"라고 추가 발문
  하면, 아이들은 더 쉽게 세기 위해 5개씩 또는 10개씩 묶어서 배열하려고
  노력하게 된다. 이는 수 감각 형성에 도움이 된다.

03
규칙을 못 찾아요

규칙을 못 찾으면 수 세기가 안 돼요.

"다음 빈칸에 바둑돌을 놓아 볼까요?"

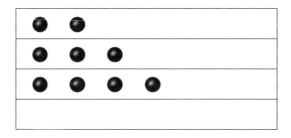

위의 질문에 아이들은 어떻게 할까? 당연히 바둑돌 더미에서 바둑돌 5개를 옮겨 놓을까? 만약 5개가 아닌 수만큼 바둑돌을 놓는다면 어떤 점을 어려워하는 걸까?

대부분 빈칸에 바둑돌 5개를 놓겠지만, 분명히 그렇지 않은 아이들도 있을 것이다. 이때는 수 감각 중 규칙성을 진단해 볼 필요가 있다. **규칙성이란 앞의 것을 보고 다음 것을 발견**하는 것으로 저학년에서는 수 감각, 순서 짓기, 수 세기, 수열을 학습할 수 있도록 도와주고, 고학년에서는 기본 구구에 대한 사고 전략과 대수적 사고를 향상시키는 데 도움이 된다.

 **규칙 찾기(1)**

- 영역: 수 감각-규칙성
- 인원: 2~4명
- 준비물: 수 카드(1~10)
- 활동 방법
  1. 수 카드를 섞어서 다섯 장씩 나누어 갖는다.
  2. 각자 가지고 있는 카드를 이용해서 규칙을 정한다.
  3. 만든 규칙대로 수 카드를 배열한다.
  4. 상대방의 수 카드 배열을 보고 규칙을 찾는다.
  5. 규칙을 먼저 찾는 사람이 이긴다.

- 규칙을 만들 때 카드를 일부 또는 전체를 사용한다.

규칙 찾기(2)

- 영역: 수 감각-규칙성
- 인원: 2~4명
- 준비물: 수 배열판, 수 세기 칩
- 활동 방법
  1. 1~100 수 배열판을 보고 규칙을 찾는다.
  2. 찾은 규칙을 수 세기 칩으로 표시한다.
  3. 규칙이 다를 경우 수 세기 칩의 색깔을 다르게 하여 표시한다.
  4. 각자 찾은 규칙을 설명한다.

- 1~100까지의 수가 어려울 경우 1~50 또는 1~20까지의 수 범위에서 규칙을 찾게 한다.
- 각자 찾은 규칙의 일부만 수 세기 칩을 올려놓고 다음에 이어질 수를 짝에게 수 세기 칩으로 찾게 할 수도 있다.

04
간격이 넓으면 더 많대요

수의 보존성이 없으면 수 세기가 안 돼요.

"어느 바둑돌이 더 많을까요?"

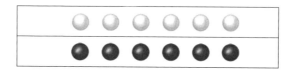

위의 질문에 아이들은 대부분 "같아요."라고 대답하였다. 그래서 이번에는 바둑돌을 다 모은 후 검은 바둑돌의 간격을 띄워서 다시 놓았다.

"어느 바둑돌이 더 많을까요?"

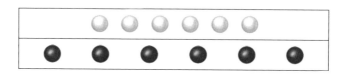

위의 질문에도 대부분 "같아요."라고 대답했을까? 개수는 같은데, 간격을 띄워 놓았다고 해서 다른 대답이 나올 것이라고는 예상하지 못했다.

그런데 "검은색 바둑돌이 더 많아요."라고 대답한 아이들이 몇 명 있었다. 처음에는 이런 아이들을 이해하기 어려웠다. 보존성을 알기 전까지는….

수와 공간은 모양에 변화가 있어도 더하거나 빼지 않는 이상 그 수량에는 변함이 없는 것을 수의 보존성이라고 한다. 수의 보존성이 미숙한 아이들은 간격이 넓은 쪽이 많다고 대답하는 것이다.

수의 보존성은 초기의 수 개념과 수 세기 개발에서 매우 중요하다. 초등학교 1~2학년의 경우 수 세기는 잘하지만 보존성에는 미숙한 아이가 있을 수 있으므로 수의 불변성을 인식하도록 하는 활동이 필요하다.

 **공통점 찾기**

- 영역: 수 감각-수의 보존성
- 인원: 2~4명
- 준비물: 개수가 같은 물건들
- 활동 방법
  1. 각자 물건을 하나씩 정한 후 똑같은 개수만큼 준비한다.
  2. 물건들을 원하는 모양으로 각자 배열한다.
  3. 서로 만든 모양을 보고 공통점을 찾는다.

 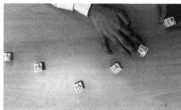

- 물건을 여러 가지 방법으로 배열해 보고, 변하지 않는 것이 무엇인지 확인하는 경험을 통해 수의 보존성을 터득할 수 있다.

05
항상 하나씩만 세요

묶음 인식을 하지 못하면 수 세기가 안 돼요.

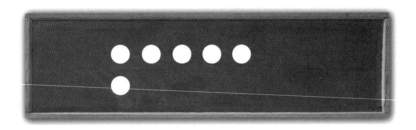

선생님: "하얀색 바둑돌은 몇 개인지 세어 볼까요?"
학생1: "여섯 개입니다."
학생2: "하나, 둘, 셋, 넷, 다섯, 여섯, 여섯 개입니다."

유독 수를 늦게 세는 아이가 있었다. 다른 아이들은 이미 답을 말했지만 그 아이는 여전히 세고 있었다. 비록 늦었지만 결국은 똑같은 답을 말하였다. 답은 맞았기 때문에 그대로 넘어가도 되는 걸까? 만약 개수가 많아진다면? 시간이 너무 많이 걸리게 되고 이는 수 세기 기능의 발달을 저하시킬 수 있다.

수를 셀 때 매번 하나씩 하나씩 세는
아이들에게는 무엇이 필요할까?

즉각적인 인식을 발달시켜 주어야 한다. 즉각적 인식은 사물이 몇 개
인지를 즉시 인식하는 기능이다. **초등학교 저학년에서 다섯 또는 여섯
개의 사물에 대한 즉각적인 인식은 수 세기의 시간을 절약해 주고, 수
의 순서와 크기 비교 등의 수 감각을 형성하는 데 큰 도움이 된다.** 또
한 수 세기 기능을 발달시키고 덧셈과 뺄셈의 발달을 촉진시킨다.

같은 패턴 찾기

- 영역: 수 감각-묶음 인식
- 인원: 2~4명
- 준비물: 9점 도미노
- 활동 방법
    1. 9점 도미노는 점 패턴이 보이지 않게 뒤집어서 가운데에 모아서 놓는다.
    2. 각자 도미노를 7개씩 가져간다.
    3. 가져간 도미노는 점 패턴이 보이도록 올려 두고, 가운데 더미에서 도미노 하나를 뒤집어 점 패턴이 보이도록 한다.
    4. 순서를 정해 번갈아 가며 가지고 있는 도미노 중 가운데 제시된 도미노와 같은 수가 있으면 찾아 연결한다.
    5. 먼저 가지고 있는 도미노를 모두 연결한 사람이 이긴다.

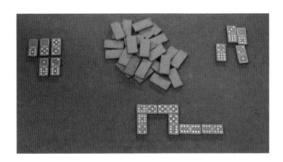

- 도미노는 한 번에 한 개만 연결할 수 있다.
- 차례가 되었을 때 올려놓을 수 있는 도미노가 없는 경우에는 더미에서 하나를 가지고 와서 채운다.

짝꿍 찾기(1)

- 영역: 수 감각-묶음 인식
- 인원: 2명
- 준비물: 점 카드(1~9), 수 카드(1~9)
- 활동 방법
  1. 윗줄에는 수 카드를, 아랫줄에는 점 카드를 앞이 보이지 않게 뒤집어 나열한다.
  2. 번갈아 가며 수 카드와 점 카드를 한 장씩 뒤집는다.
  3. 뒤집은 수 카드와 점 카드가 서로 어울리면 카드를 가져가고, 어울리지 않으면 보이지 않게 다시 뒤집어 놓는다.
  4. 카드를 많이 가져간 사람이 이긴다.

짝꿍 찾기(2)

- 영역: 수 감각-묶음 인식
- 인원: 2명
- 준비물: 점 카드(1~9), 수 카드(1~9)
- 활동 방법
  1. 수 카드는 모아서 가운데에 뒤집어 놓고 점 카드는 점 배열이 보이도록 펼쳐 놓는다.
  2. 가위바위보를 하여 이긴 사람부터 가운데에 있는 수 카드 한 장을 보이게 뒤집는다.
  3. 수 카드에 해당하는 점 카드를 빨리 찾아 가져간다.
  4. 점 카드를 많이 가져간 사람이 이긴다.

- 수 카드와 점 카드를 서로 바꾸어 수 카드를 보이게 펼쳐 놓고 점 카드는 가운데에 안 보이게 뒤집어 놓은 후 똑같은 방법으로 놀이를 할 수도 있다.

06
어느 것이 더 많은지 비교를 하지 못해요

일대일 대응을 하지 못하면 수 세기가 안 돼요.

안전모와 자전거 중 어느 것이 더 많을까?

출처: 1학년 1학기 교과서 26쪽

"안전모가 더 많을까? 자전거가 더 많을까?"

이 질문을 해결하기 위해서는 안전모와 자전거의 수를 비교해야 한다. 보자마자 안전모가 더 많다고 대답하는 아이, 안전모의 수를 세고 자전거의 수를 세어 비교하는 아이 등 아이들의 반응은 다양하다.

위와 같은 질문을 통해 직접적으로 또는 간접적으로 비교를 경험할 수 있는데, 수의 비교는 수 세기를 학습하는 데 기본이 된다. 이는 수 개념 형성에 큰 영향을 미친다.

그렇다면 어떻게 비교할 수 있을까? 수업 중 한 아이의 교과서를 보고 깜짝 놀랐다. 줄이 그어져 있었다. 이 아이는 아마도 안전모와 자전거를 연필로 하나씩 이으면서 일대일 대응으로 비교했을 것이다.

이처럼 비교는 일대일 대응으로부터 시작해야 한다. 일대일 대응은 수 세기와 밀접한 관련이 있기 때문이다. **하나씩 대응시켜 수를 세는 것은 의미 있는 수 세기를 하는 데 도움이 된다.**

점의 수 비교하기(1)

- 영역: 수 감각-비교와 일대일 대응
- 인원: 2명
- 준비물: 점 카드(1~10)
- 활동 방법
  1. 점 카드를 섞어서 다섯 장씩 나누어 갖는다.
  2. '하나, 둘, 셋'에 자신이 가진 카드를 한 장 내려놓는다.
  3. 서로 내려놓은 점 카드에 그려진 점의 개수를 비교한다.
  4. 점의 개수가 많은 사람이 적은 사람의 카드를 가져간다.
  5. 카드를 많이 가져간 사람이 이긴다.

- 점 카드 대신 수판(십틀) 카드나 그림 카드 등을 활용할 수도 있다.

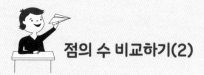 

점의 수 비교하기(2)

- 영역: 수 감각-비교와 일대일 대응
- 인원: 2명
- 준비물: 점 카드(1~10), 수 카드(1~10)
- 활동 방법

  1. 수 카드는 가운데에 뒤집어서 모아 두고 점 카드는 섞어서 다섯 장씩 나누어 갖는다.
  2. 수 카드 한 장을 뒤집는다.
  3. 각자 가지고 있는 점 카드를 뒤집는다.
  4. 뒤집은 점 카드와 수 카드의 크기를 비교한다.
  5. 수 카드의 수와 가까운 점 카드를 내려놓은 사람이 모든 카드를 가져간다.
  6. 카드를 많이 가져간 사람이 이긴다.

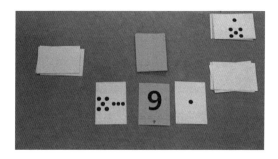

- 점 카드 대신 수판(십틀) 카드나 그림 카드 등을 활용할 수도 있다.

07
수 감각! 처방전!

 하나, 구체물을 제대로 사용하라

구체물을 조작하는 활동은 아이들에게 수에 대한 의미를 형성하는 데 도움을 준다. 그러나 단지 답을 구하기 위해 구체물을 기계적으로 사용하게 해서는 안 된다. **구체물과 수가 의미 있게 연결되어 아이들의 수에 대한 감각을 키울 수 있을 때, 구체물은 수 감각 발달에 유용한 도구가 된다.**

또한 영상 자료나 그림 자료 등을 사용한 수 감각 학습 활동도 '즉각적인 인식(subitizing)'의 형성에 도움을 주어 아이들의 수 감각을 높이는 데 중요한 역할을 한다.

하지만 구체물을 조작할 때 주의할 점도 있다. 모든 조작 활동이 성공하는 것은 아니다. 성공적인 수업이 될 것이라고 믿었는데 기대가 무참히 깨진 적이 있었다.

연결큐브가 교과서, 지도서에 제시되어 있지 않을 때, 연결큐브만 있으면 멋진 공개수업을 보여 줄 수 있을 거라는 생각에 들뜬 마음으로 공개수업을 준비했다.

드디어 공개수업, 수업 내용은 받아올림이 있는 한 자리 수의 덧셈이었다. '8 + 5'의 계산을 연결큐브로 조작 활동한다면 당연히 5에서 2개를 뜯어서 8에 붙여 10을 만들 거라 생각하였다.

기대감에 찬 표정으로 아이들에게 연결큐브를 나눠 주며 '8 + 5'를 해결해 보라고 하였다. 그런데 이게 무슨 일인가? 아이들의 반응은 예상을 빗나갔다.

결국 그 수업은 망하고 말았다.
무슨 일이 있었던 걸까?

새로운 교구를 처음 본 아이들은 연결큐브를 교구가 아닌 놀이도구로 생각했던 것이다. 높이높이 이어 붙이는 아이, 칼을 만든 아이, 집을 만든 아이 등 놀이에 빠져 정작 중요한 한 자리 수의 덧셈 활동은 하지 못하고 수업이 끝나고 말았다.

이때 알게 되었다. 아무리 좋은 구체물이라도 수업 전에 아이들이 충분히 가지고 놀 수 있는 시간을 제공해야 한다는 것. 구체물을 제대로 사용하려면 수업에 적용하기 전에 교구와 친해질 수 있는 시간이 필요하다.

[즐거운 생활]   [국어]
연결큐브로 구조물 만들기   연결큐브로 낱말 만들기

둘, 수 감각! 이렇게 완성시켜라

만약 '8'에 대한 수 감각이 있다면 수, 연산, 어림 등의 내용 요소와 수 감각을 사용하려는 경향의 과정 요소를 모두 이해하고 있어야 한다.

구성 요소		'8'에 대한 수 감각의 예
내용 요소	수	· 1부터 8까지 차례로 셀 수 있다. · '팔'이라고 말하면 '8'이라고 쓸 수 있다. · '8'을 보고 '팔'이라 읽을 수 있으며, '팔'을 찾으라고 하면 '8'을 찾아낼 수 있다.
	연산	· 8보다 1 적은 수 또는 2 많은 수를 말할 수 있다. · 8은 10보다 2 작다는 것과 5보다 크다는 점을 생각해 빈 수직선에 8을 표시할 수 있다. · 8은 5와 3 또는 6과 2로 나눌 수 있음을 안다.
	어림	· 이쑤시개가 8cm 정도라는 것을 안다. · 내 손의 길이를 기준척도로 어림한다.
과정 요소	수 감각을 사용하려는 경향	· 실생활에서 8과 관련된 기호나 사물을 보고 8임을 알 수 있다.

세환샘's
Tip

1. 훈련이 필요하다.

수학 부진을 예방하기 위한 첫걸음은 수 감각을 키우는 것이다. 수 감각은 언어나 색깔처럼 타고나지만 후천적으로 적절한 훈련을 통해 향상될 수 있다. 그러므로 수 감각 진단을 통해 부족한 부분에 대한 적절한 훈련이 필요하다.

2. 수를 다양하게 표현하라.

하나의 수에 대해서 적어도 다섯 가지로 설명할 수 있어야 한다. 수에 대한 내용 요소와 과정 요소를 최대한 많이 표현할수록 수 감각이 향상된다.

3. 의미 있는 활동을 하라.

수를 사용하는 아이들의 경험이 의미 있을 때 수 감각이 발달한다. 생활 속에서 자연스럽게 수를 이용하고, 수의 관계를 형성할 수 있는 활동이 필요하다.

하나, 둘, 다섯, 넷?
수 세기 제대로 알기

✔ 체크포인트 1.
수의 이름을 정해진 순서대로 말하며 수를 세는가?

✔ 체크포인트 2.
일대일 대응을 하며 수를 세는가?

✔ 체크포인트 3.
수를 바르게 읽는가?

01
수의 이름을 몰라요

기계적인 수 세기(1)를 하면 안 돼요.

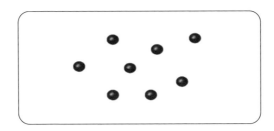

선생님: "바둑돌은 모두 몇 개일까요?"

학생1: "여덟 개입니다."

선생님: "손가락으로 짚어 가며 세어 볼까요?"

학생1: "하나, 둘, 셋, 다섯, 일곱, 여섯, 열, 여덟."

●	●	●	●	●	●	●	●
하나	둘	셋	다섯	일곱	여섯	열	여덟
☝	☝	☝	☝	☝	☝	☝	☝

 열심히 세었는데 뭔가 이상하다. 하나씩 짚어 가면서 잘 세었지만 순서대로 수의 이름을 말하지 못하고 있다. 몇 가지 수 이름을 알고 있지만 올바른 순서로 알고 있지 않은 것이다.

물건을 셀 때는 "하나, 둘, 셋…" 처럼 수 이름은 반복 가능하고 안정된 순서로 사용되어야 한다. 이를 수 세기의 원리 중 '안정된 순서의 원리'라고 한다.

만약 수 이름을 알고 있다 할지라도 순서대로 말하지 않고 "둘, 하나, 넷"으로 수를 센다면 아이가 일련의 수의 순서를 기억할 수 있게 도와주어야 한다.

다행히 아이들은 이 시기에 자발적으로 수 이름 획득에 흥미를 느끼며, 수 이름의 생성 규칙을 스스로 찾아내고 고정하는 노력을 하므로 "하나"에서 시작하여 "둘, 셋, 넷, 다섯, 여섯, 일곱, 여덟…"이라는 반드시 정해진 순서로 세는 원리에 초점을 맞춰 연습을 시켜 줄 필요가 있다.

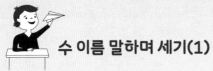 **수 이름 말하며 세기(1)**

- 영역: 수 세기-안정된 순서
- 인원: 1명
- 준비물: 수 배열판, 바둑돌
- 활동 방법
  1. 바둑돌 더미에서 바둑돌을 한 움큼 가져온다.
  2. 바둑돌을 한 개씩 짚으면서 수 이름을 말한 후, 수 배열판의 수 이름에 해당하는 칸에 옮긴다.
  3. 모두 옮긴 후 몇 개인지 확인한다.

 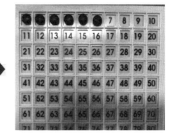

- 두 명이 할 경우, 한 명이 바둑돌을 한 움큼 제시하면 다른 사람이 바둑돌이 모두 몇 개인지 수 배열판에 놓으면서 수를 세어 보게 한다.

수 이름 말하며 세기(2)

- 영역: 수 세기-안정된 순서
- 인원: 1명 또는 2명
- 준비물: 바둑돌 또는 연결큐브, 수 배열판, 교과서 그림
- 활동 방법
  1. 교과서 그림 중에서 셀 대상을 정한다.
  2. 셀 대상을 하나씩 가리키면서 수 배열판에 바둑돌을 순서대로 놓으며 세어 본다.
  3. 내가 세고자 하는 대상이 몇 개인지 말한다.

- 바둑돌 이외에도 다양한 구체물을 이용하여 수 세기를 지도할 수 있다.
- 수 배열판이 없는 경우 A4 크기로 출력하여 사용할 수 있다.

02
가리키는 것보다 더 빨리 말해요

기계적인 수 세기(2)를 하면 안 돼요.

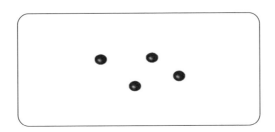

선생님: "바둑돌은 모두 몇 개일까요?"

학생1: "여덟 개입니다."

선생님: "손가락으로 짚어 가며 세어 볼까요?"

학생1: "하나, 둘, 셋, 넷, 다섯, 여섯, 일곱, 여덟."

●		●		●			●
하나	둘	셋	넷	다섯	여섯	일곱	여덟
☞		☞		☞			☞

　이번에는 수 이름의 순서는 올바르게 알고 있으나 세는 대상과 수 이름 사이의 대응을 잘 못하고 있다. 바둑돌을 가리키는 것보다 수 이름을 더 빨리 말하는 것이다.

이렇게 되면 사물 하나에 두 개 이상의 수 이름이 부여되어 수 세기를 제대로 하지 못하게 된다.

수를 셀 때에는 사물 하나에 수 이름이 하나씩 대응되어야 한다. 이를 수 세기 원리 중 '일대일 대응의 원리'라고 한다.

만약 사물 한 개에 둘 이상의 수 이름이 대응된다면 자신이 센 대상과 셀 대상을 구분 짓는 것이 필요하다. 손가락으로 가리키며 수 이름 부여를 명확히 하도록 도와주어야 한다.

수만큼 옮기기(1)

- 영역: 수 세기-일대일 대응
- 인원: 1명
- 준비물: 수 구슬, 수 카드(1~10, 11~20)
- 활동 방법
  1. 수 카드를 모두 섞어서 앞이 보이지 않게 뒤집어 놓는다.
  2. 수 카드를 한 장 뒤집어서 숫자를 확인한다.
  3. 뽑힌 수만큼 수 구슬을 하나씩 옮긴다.

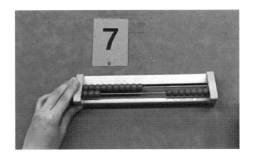

- 수 이름을 말하면서 수 구슬을 하나씩 옮기게 한다.
- 먼저 1부터 10까지의 수 카드로 활동을 하고 익숙해지면 11부터 20까지의 수 카드를 사용한다.

수만큼 옮기기(2)

- 영역: 수 세기-일대일 대응
- 인원: 2명
- 준비물: 수직선
- 활동 방법
  1. 한 명이 기준 수, 수 세기 전략, 세어야 하는 수량을 말한다.
  2. 다른 한 명이 수직선에 제시한 규칙에 따라 표시하면서 세어 본다.
  3. 위의 과정을 서로 번갈아 가면서 한다.

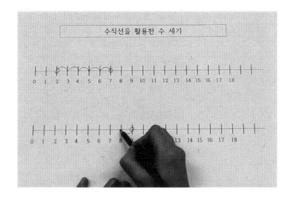

깃발 지키기

- 영역: 수 세기-일대일 대응
- 인원: 2~4명
- 준비물: 연결큐브, 깃발
- 활동 방법
  1. 깃발을 가운데 두고 주변에 연결큐브를 쌓는다.
  2. 가위바위보로 순서를 정하고, 가지고 가고 싶은 만큼 연결큐브를 가져간다.
  3. 깃발이 쓰러지면 놀이가 끝난다.
  4. 각자 가져간 연결큐브의 개수를 센다.
  5. 어떤 방법으로 연결큐브를 세었는지 이야기한다.

- 연결큐브 대신 바둑돌이나 쌓기나무 등을 활용할 수 있다.
- 처음에는 연결큐브를 세는 방법을 제한하지 않고, 자유롭게 세도록 하고, 이후에는 다양한 방법으로 묶어 세도록 하여 자릿값 및 곱셈 지도로 이어질 수 있도록 한다.

03
말하는 것보다 더 빨리 가리켜요

기계적인 수 세기(3)를 하면 안 돼요.

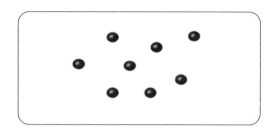

선생님: "바둑돌은 모두 몇 개일까요?"

학생1: "여덟 개입니다."

선생님: "손가락으로 짚어 가며 세어 볼까요?"

학생1: "하나, 둘, 셋, 넷, 다섯."

●	●	●	●	●	●	●	●
하나		둘		셋	넷		다섯
☞		☞		☞	☞		☞

 이번에는 무엇이 잘못된 걸까? 수 이름의 순서는 올바르게 알고 있지만 수 이름을 말하는 것보다 바둑돌을 더 빨리 지나치며 가리키고 있다. 이처럼 대상과 수 이름 사이의 옳은 대응을 유지하지 못하는 것을 기계적인 수 세기라고 한다.

기계적인 수 세기를 하는 아이는 대상은 가리키지만 각각의 대상에 해당하는 수 이름을 말하지 못한다. 이러한 오류를 범하는 아이에게는 수 세기를 천천히 하게 하거나 일대일 대응의 중요성을 강조해야 한다.

기계적인 수 세기와 다르게 **수의 이름과 세어야 할 대상들을 일대일 관계로 대응하며 세는 것을 합리적 수 세기**라고 한다. 합리적 수 세기를 하는 아이는 일대일 대응을 사용할 뿐만 아니라 세는 대상의 개수에 대해서도 말할 수 있다.

합리적인 수 세기는 초등학교 1학년 아이들에게 매우 중요하기 때문에 많은 경험이 필요하다. **처음에는 아이들의 수를 셀 수 있는 능력이 다르더라도 1학년 말까지는 100까지의 합리적 수 세기를 할 수 있도록 도와주어야 한다.**

 바둑돌로 세기

- 영역: 수 세기-일대일 대응
- 인원: 2~4명
- 준비물: 바둑돌, 수 카드(1~10, 11~20)
- 활동 방법
  1. 수 카드를 모두 섞어서 앞이 보이지 않게 뒤집어 놓는다.
  2. 수 카드를 한 장 뒤집어서 숫자를 확인한다.
  3. 뽑힌 수만큼 바둑돌을 하나씩 가리킨다.

- 두 명이 할 경우, 한 명이 수 카드를 제시하면 다른 사람이 수 카드의 수만큼 바둑돌을 가리키게 한다.
- 먼저 1부터 10까지의 수 카드로 활동을 하고 익숙해지면 11부터 20까지의 수 카드를 사용한다.

연결큐브로 세기

- 영역: 수 세기-전략적 수 세기
- 인원: 2명
- 준비물: 연결큐브, 수 카드
- 활동 방법

<이어 세기①>

1. 한 명이 연결큐브를 더미에서 원하는 만큼 옮긴다.
2. 다른 한 명이 주어진 연결큐브를 손으로 짚으면서 '일'부터 차례대로 말하며 센 후 수량을 말한다.

<이어 세기②>

1. 한 명이 수 카드 더미에서 수 카드 한 장을 제시하면서 몇 큰 수를 말한다(예: 6 카드 제시하면서 "4 큰 수").
2. 다른 한 명이 주어진 수 카드에 이어서 연결큐브를 하나씩 가리키며 세면서 문제를 해결한다.

<거꾸로 세기>

1. 한 명이 수 카드 더미에서 수 카드 한 장을 제시하면서 몇 작은 수를 말한다(예: 7 카드 제시하면서 "2 작은 수").
2. 다른 한 명이 주어진 수 카드에 이어서 연결큐브를 하나씩 가리키며 세면서 문제를 해결한다.

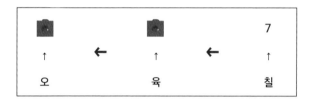

<뛰어 세기>

1. 한 명이 연결큐브 더미에서 원하는 만큼 옮긴다.
2. 연결큐브의 수를 확인한 후 몇씩을 묶게 할지 말한다(예: 6개 제시하면서 "2씩").
3. 주어진 연결큐브를 2씩 센다.

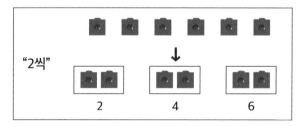

에그블록으로 세기

- 영역: 수 세기-전략적 수 세기
- 인원: 2명
- 준비물: 에그블록
- 활동 방법

  1. 제시된 물건의 수만큼 에그블록 판에 블록을 끼우며 수를 센다.
  2. 제시된 물건의 개수가 몇 개인지 말한다.
  3. 서로 번갈아 가며 물건을 제시하고 개수가 몇 개인지 에그블록 판에 블록을 끼우는 과정을 반복한다.

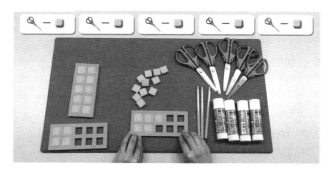

[가위의 수를 에그블록으로 세기]

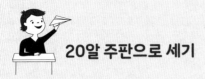

20알 주판으로 세기

- 영역: 수 세기-전략적 수 세기
- 인원: 1명 또는 2명
- 준비물: 20알 주판
- 활동 방법

<이어 세기(1~20)>
1. 수 이름을 말하면서 수 구슬을 한 개씩 옮긴다.
2. 1부터 20까지를 센다.

<거꾸로 세기(20~1)>
20부터 1까지 거꾸로 세기를 하며 수 이름을 말하면서 수 구슬을 한 개씩 옮긴다.

<두 줄로 세기>
첫 줄에서 '일', 다음 줄에서 '이', 첫 줄에서 '삼', 다음 줄에서 '사'와 같은 방법으로 수를 센다. 이 방법은 가르기 활동의 기초가 된다.

< 2씩, 5씩 뛰어 세기>
1. 구슬을 2개씩 옮기면서 수 이름을 말한다.
2. 구슬을 5개씩 옮기면서 수 이름을 말한다.

04
시각을 못 읽어요

시각 읽기 어려워요.

어떻게 읽어야 할까? 당연히 '열 시 십 분'이라고 읽어야 한다는 것을 경험으로 알고 있다. 하지만 아이들에게는 쉽게 이해되지 않는다. 아이들이 시계를 처음 접하게 되면 시계 보는 방법뿐만 아니라 읽는 방법에도 어려움을 느낀다.

왜 그럴까? 열 시 열 분? 십 시 십 분? 뭔가 낯설 것이다. 우리나라는 시를 읽는 것과 분을 읽는 방법이 다르다.

시각을 말할 때 우리는 '열 시'라는 순우리말과 '십 분'이라는 한자어를 각각 사용하여 '열 시 십 분'이라고 읽는다. 이러한 과정이 수를 처음 배우는 아이들에게는 어려운 과정이다.

그러므로 수 세기를 지도할 때 우리나라가 두 개의 수 이름체계를 사용한다는 점을 고려해야 한다. 하나는 '하나, 둘, 셋'으로 시작하는 '한글 수사'로, 물건을 세거나 나이를 말할 때 주로 사용한다. 다른 하나는 '일, 이, 삼'으로 시작하는 '한자 수사'로, 숫자 읽기나 사칙연산 등의 숫자를 다루는 데 사용한다.

언제 한글 수사를 사용하고 언제 한자 수사를 사용해야 하는지에 대한 원칙은 명확하지 않다. 다만 생활 속에서 이용하는 사례들을 받아들이고 따르는 수밖에 없다. **따라서 실생활에서의 경험을 바탕으로 수를 말해 보는 활동을 통해 자연스럽게 익힐 수 있게 해야 한다.**

수 바르게 읽기

- 영역: 수 세기-수 읽기
- 인원: 2명
- 준비물: 문장 카드 10장
- 활동 방법
  1. 문장 카드를 섞은 후 다섯 장씩 나누어 갖는다.
  2. 한 사람이 문장 카드 한 장을 펼친다.
  3. 다른 사람이 문장 카드를 읽는다.
  4. 수를 바르게 읽으면 카드를 가져간다.

1년 동안 키가 많이 컸어요.	고양이 1마리를 봤어요.
제2회 글짓기 대회가 열렸어요.	초콜릿을 2개 먹었어요.
3학년이 되더니 씩씩해졌어요.	동화책을 3권 읽었어요.
우리 집은 4층이에요.	자동차 바퀴는 4개예요.
키가 5cm만 더 크면 좋겠어요.	우리 모둠은 5명이에요.

- 문장 카드의 내용은 상황에 맞게 수정하여 사용할 수 있다.

 **번갈아 가며 세기**

- 영역: 수 세기-수 읽기
- 인원: 2명
- 활동 방법
  1. 한 명이 기준 수와 수 세기 전략을 제시하면 다른 한 명이 다음 수부터 말한다.
  2. 위의 과정을 번갈아 가면서 한다.

A: 이어 세기, 육	B: 거꾸로 세기, 열
B: 칠	A: 아홉
A: 팔	B: 여덟
B: 구	A: 일곱
A: 십	B: 여섯
B: 십일	A: 다섯

- 처음 수가 한글 수사로 제시되면 한글 수사로 번갈아 말할 수 있도록 안내한다.

순서대로 배열하기

- 영역: 수 세기-수 읽기
- 인원: 2명
- 준비물: 수 카드(1~10, 11~20) 2세트, 종
- 활동 방법
  1. 수 카드를 1세트씩(10장) 나누어 갖고 잘 섞는다.
  2. 섞인 카드를 모아서 내려놓고 두 손을 머리 위에 올린다.
  3. '시작' 소리에 맞추어 자신의 카드를 뒤집어 수의 순서대로 배열한다.
  4. 모두 순서대로 배열하면 종을 친다.
  5. 먼저 종을 친 사람이 이긴다.

- 종을 치는 대신 바둑돌 등의 강화물을 먼저 잡으면 이기는 것으로도 할 수 있다.
- 1~10까지의 수 카드로 먼저 하고, 이후에 11~20까지의 수 카드로 한다.

05
수 세기! 처방전!

10부터 20까지의 수에 대해서 합리적인 수 세기가 숙달되면 더 효율적이고 세련된 수 세기 전략이 필요하다. 전략을 이용해 다양한 방법으로 세는 활동은 아이들의 수 감각을 향상시켜 주고, 나중에 배우게 될 연산의 기초를 형성하는 데 매우 중요하다.

 하나, 이어서 세어라

이어 세기는 어떤 수에서 시작하여 올바른 순서로 수의 이름을 말하여 세는 방법이다. 예를 들어 '6보다 3 큰 수'를 구할 때 육에서 시작하여 '칠', '팔', '구'와 같이 3개의 수를 이어서 세어 '9'로 세는 방법이다.

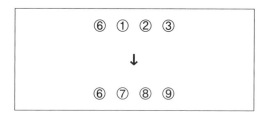

이때 주의할 점은 6 다음 수부터 3개의 수를 이어서 '7, 8, 9'로 세는 것에 중점을 두어야 한다는 것이다.

이어 세기를 하기 위해서는 시작하는 수를 인식하고 있어야 하고, 시작하는 수의 바로 이전의 수와 이후의 수를 알고 있어야 한다.

그러므로 **이어 세기는 수와 연산 영역의 학습과 관련된 여러 가지 규칙성을 발견하는 데 도움이 될 수 있고, 덧셈 능력의 발달에 핵심적인 전략이다.**

이어 세기

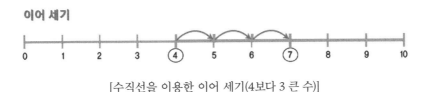

[수직선을 이용한 이어 세기(4보다 3 큰 수)]

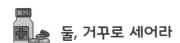 **둘, 거꾸로 세어라**

거꾸로 세기는 특정한 지점에서 시작해서 반대 순서로 수 이름을 정확하게 말하여 세는 것이다. 예를 들어 '스물'에서 시작하여 '열아홉, 열여덟, 열일곱…'과 같이 1을 향해 세는 경우를 말한다. 또는 '13보다 2 작은 수'를 구할 때 '13'에서 시작하여 '12', '11'로 2개의 수를 거꾸로 세어 '11'로 세는 방법이다.

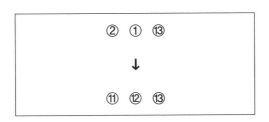

거꾸로 세기는 로켓 발사 등과 같은 카운트다운(5, 4, 3, 2, 1, 발사)과 관련시켜 쉽게 익힐 수 있다. 수의 계열과 순서 및 '0'을 익힐 때 자연스럽게 접할 수 있는 수 세기 전략이다.

거꾸로 세기

[수직선을 이용한 거꾸로 세기(7부터 1씩 거꾸로 세기)]

 셋, 뛰어서 세어라

뛰어 세기는 수 이름을 하나씩 말하는 대신에 2씩, 5씩, 10씩, 또는 다른 값만큼씩 말하면서 세는 것을 말한다. 이때 시작점과 방향은 선택사항이다. 예를 들어 '이십오, 삼십, 삼십오⋯' 처럼 세는 것은 '25'에서 시작하여 5씩 앞으로 뛰어 세기를 한 경우이다. 뛰어 세기는 다양한 규칙성을 제공할 뿐만 아니라, 곱셈과 나눗셈의 기초가 된다.

1	2	3	4	⑤	6	7	8	9	⑩
11	12	13	14	⑮	16	17	18	19	⑳
21	22	23	24	㉕	26	27	28	29	㉚

[수 배열표를 이용한 5씩 뛰어 세기]

뛰어 세기(2씩)

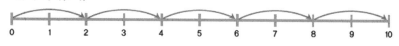

[수직선을 이용한 뛰어 세기(2씩 뛰어 세기)]

1. 1부터 9까지의 수 세기를 반복하라.

수 세기의 오류를 줄이기 위해서는 1부터 9까지 일련의 수 이름을 순서대로 말하면서 사물을 한 개씩 가리키는 활동을 반복해야 한다.

2. 100까지 합리적으로 세어라.

합리적인 수 세기는 초등학교 1학년 아이들에게 중요한 기능이다. 2학년이 되기 전까지는 다양한 수 세기 상황을 제공하여 100까지 실제로 세어 보는 활동을 해야 한다.

3. 20 이하의 수를 전략적으로 세어라.

효율적인 수 세기를 위해 전략의 도입은 꼭 필요하다. 20 이하의 수에서 이어 세기, 거꾸로 세기, 뛰어 세기 등의 전략적 수 세기 경험은 연산의 기초를 형성하는 데 중요한 역할을 한다.

IV

천 원+만 원=천만 원?
자릿값 제대로 알기

☑ 체크포인트 1.
자릿값에 맞게 수를 쓰는가?

☑ 체크포인트 2.
10개씩 묶으려 하는가?

☑ 체크포인트 3.
각 자리의 숫자가 나타내는 값을 아는가?

01
'167'을 '100607'로 써요

수를 읽는 대로 쓰면
자릿값 개념 형성이 안 돼요.

아이가 어떤 수를 쓴 걸까? '십만육백칠'과 '이십만삼백오'라는 말을 듣고 쓴 걸까? 당연히 아니다. "백육십칠과 이백삼십오를 써 보세요."라는 말에 어떤 아이가 위와 같이 쓴 것이다.

우리 아이들이 수를 쓸 때 이렇게 헷갈리는가? 만약 그렇다면 수를 쓰거나 읽을 때 논리적으로 사고하는 것처럼 보이지만 수를 쓰는 과정에 문제점이 있는 것이다.

현재 우리가 사용하고 있는 기수법 체계는 위치적 기수법인 인도-아라비아 기수법 체계이다. 단위를 쓰지 않고 수가 놓인 자리로 단위를 나타내는 방법으로 해당하는 단위의 수가 없을 때는 그 자리에 '0'을 써서 나타낸다. 예를 들어 '167'은 100이 1개, 10이 6개, 1이 7개인 수로 나타낼 수 있다. 하지만 기수법을 이해하지 못한 채 수를 읽어 가는 대로 쓰면 '백육십칠'은 '100607' 또는 '1006107' 등으로 잘못 쓸 수 있다.

이때에는 수 세기와 조작 활동을 충분히 한 후 세 자리 수의 읽기와 쓰기를 지도해야 한다. **수를 읽고 쓰는 것을 형식적으로 접근하기보다는 조작 활동을 통해 세 자리 수를 읽고 쓰는 기능을 발달시켜야 한다.**

〈자릿값 판〉　　　이름 :(　　　　　)

백의 자리	십의 자리	일의 자리
100이 (　　　)	10이 (　　　)	1이 (　　　)

백	십	일
▽		

	=		+		+		읽기

이때 효과적인 교구가 자릿값 판이다. '435'를 자릿값 판을 이용해 나타내 보자. '435'는 100이 4개이므로 백의 자리에 백 모형 4개를, 10이 3개이므로 십의 자리에 십 모형 3개를, 1이 5개이므로 일의 자리에 일 모형 5개를 놓는다. 이를 통해 4는 400을, 3은 30을, 5는 5를 나타낸다는 것을 이해할 수 있다.

 **수 나타내기**

- 영역: 자릿값-수 읽고 쓰기
- 인원: 1~2명
- 준비물: 수 모형, 자릿값 판
- 활동 방법
  1. 한 명이 세 자리 수를 제시한다.
  2. 다른 한 명이 수 모형으로 세 자리 수를 자릿값 판에 나타낸다.
  3. 제시한 세 자리 수를 바르게 나타내었는지 확인한다.

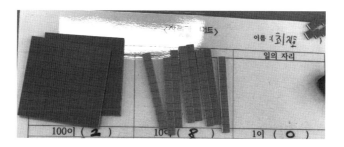

- 수 모형으로 나타낸 후 왜 이렇게 나타내었는지 설명하게 한다.
- 네 자리 수를 나타낼 경우에는 네 자리 수 자릿값 판을 사용한다.

 **나와라 숫자**

- 영역: 자릿값-수 읽고 쓰기
- 인원: 1~2명
- 준비물: **자릿값 주사위**(일의 자리 주사위, 십의 자리 주사위, 백의 자리 주사위, 천의 자리 주사위), **메모지**

- **활동 방법**
  1. 먼저 한 명이 자릿값 주사위 3개 또는 4개를 던진다.
  2. 던져진 자릿값 주사위를 보고 수를 완성한다.
  3. 완성된 수를 읽고 메모지에 쓴다.
  4. 수를 바르게 읽고 썼는지 확인한다.

[자릿값 주사위로 만든 '588']

02
10개씩 묶으려 하지 않아요

무조건 하나씩만 세면
자릿값 개념 형성이 안 돼요.

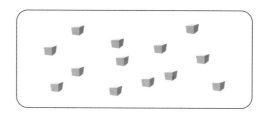

선생님: "일 모형은 모두 몇 개인지 세어 볼까요?"

학생1: "하나, 둘, 셋, 넷, 다섯, 여섯, 일곱, 여덟, 아홉, 열, 열하나, 열둘, 열셋. 열세 개입니다."

선생님: "다시 세어 볼까요?"

학생1: "하나, 둘, 셋, 넷, 다섯, 여섯, 일곱, 여덟, 아홉, 열, 열하나, 열둘, 열셋. 열세 개입니다."

아이는 반복된 질문에도 똑같이 처음부터 하나씩 세었다. 수 모형을 더 많이 제시해도 똑같았다. 한 번 세고 나서 몇 개였는지 잊어버리면 다시 하나씩 또 세었다. 처음에는 수를 셀 수 있고, 또 정확한 개수를 말해서 수 개념을 이해한 것으로 보았다. 하지만 수를 정확하게 세었다고 수 개념을 이해한 것은 아니었다.

반복된 질문에도 항상 하나씩 센다는 것은 자릿값에 대한 개념을 이해하지 못한 것이다. 원인은 수 세기, 10개씩 묶는 경험, 교환하기와 관련된 실제적 경험의 부족이다.

아이들이 처음에는 일 모형 13개를 셀 때, 일 모형의 수 13은 10과 3으로 이루어져 있다고 생각하기보다는 13 자체로 생각하게 된다. 이 때 **자릿값 개념을 향상시켜 주기 위해서 가장 먼저 해야 할 것은 일 모형을 10개씩 묶는 경험이다.**

또한 일 모형 10개를 십 모형 1개로, 십 모형 10개를 백 모형 1개로 교환하는 과정에서 자릿값의 변화를 경험하게 되는데, 이것이 교환하기이다. 교환하기는 10개의 십 모형을 1개의 백 모형으로 또는 1개의 백 모형을 10개의 십 모형으로와 같이 양방향 모두 강조되어야 한다. 교환하기를 통해 한 자리 수에서 두 자리 수, 두 자리 수에서 세 자리 수, 세 자리 수에서 네 자리 수로의 변화를 이해하게 된다.

10개씩 묶기

- 영역: 자릿값-10씩 묶기
- 인원: 2~4명
- 준비물: 수 세기 칩, 보드판
- 활동 방법
  1. 한 명이 수 세기 칩 더미를 보드판 위에 올려놓는다.
  2. 다른 사람들이 제시된 수 세기 칩을 10개씩 묶는다.
  3. 수 세기 칩이 모두 몇 개인지 확인한다.

- 수 세기 칩뿐만 아니라 일 모형, 연결큐브, 바둑돌 등을 이용해도 된다.
- 10이 되는 것을 직관적으로 인식시키려 한다면 수판을 이용한다.

 **10층 탑 만들기**

- 영역: 자릿값-10씩 묶기
- 인원: 2명
- 준비물: 연결큐브 100개
- 활동 방법
  1. 한 명이 연결큐브 더미에서 일부를 다른 한 명에게 제시한다 (10개 이상을 제시한다).
  2. 연결큐브가 10개가 되면 10층 탑으로 만들면서 연결큐브가 모두 몇 개인지 세어 본다.
  3. 10층 탑의 개수와 낱개의 개수를 더해 연결큐브의 수를 말한다.
  4. 이 과정을 번갈아 가면서 한다.

03
숫자가 같으면 무조건 크기도 같아요

각 자리의 숫자가 나타내는 값을 모르면
자릿값 개념 형성이 안 돼요.

선생님: "403에서의 3과 340에서의 3은 같은 수일까요?
　　　　　다른 수일까요?"
학생1: "똑같은 3인데 당연히 같아요."
학생2: "아닌데…."

아이들이 수군거리기 시작했다. 반에서 목소리가 크고 자신감이 넘치는 아이가 똑같은 3이니깐 같은 수라고 대답했기 때문이다. 다른 수라고 생각한 아이들조차 본인의 생각을 확신하지 못하고 고개를 갸우뚱하고 있었다.

각 자리의 숫자가 무엇을 의미하고 얼마를 나타내는지 모르는 경우이다. 403에서의 3과 340에서의 3은 완전히 다른 수를 나타낸다. 403에서의 3은 일의 자리 숫자이고 1이 3개라는 의미로 그것이 나타내는 값은 3이다. 340에서의 3은 백의 자리 숫자이고 100이 3개라는 의미로 그것이 나타내는 값은 300이다.

자릿값은 숫자가 위치하는 자리에 따라 정해지는 값을 말하는데, **수의 각 자리마다 나타내는 값이 다르기 때문에 같은 숫자라도 어느**

자리에 있느냐에 따라서 값이 달라진다.

천의 자리는 1000이라는 자릿값을, 백의 자리는 100이라는 자릿값을, 십의 자리는 10이라는 자릿값을, 일의 자리는 1이라는 자릿값을 가진다.

각 자리의 숫자가 나타내는 값을 이해하는 것은 두 자리 수, 세 자리 수, 네 자리 수를 배워 가는 과정에서 매우 중요하다.

수 만들기

- 영역: 자릿값-각 자리 숫자의 값
- 인원: 1명
- 준비물: 자릿값 주사위 4개, 자리값 판
- 활동 방법
  1. 한 명이 자릿값 주사위 4개(일의 자리 주사위, 십의 자리 주사위, 백의 자리 주사위, 천의 자리 주사위)를 동시에 던진다.
  2. 자릿값 주사위 4개를 던져 나온 수로 네 자리 수를 만든다.
  3. 네 자리 수를 수 모형으로 자릿값 판에 나타내고 각 자리의 숫자가 얼마를 나타내는지 확인한다.

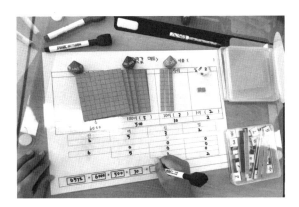

 자릿값 역할놀이

- 영역: 자릿값-각 자리 숫자의 값
- 인원: 3~4명
- 준비물: 겹자석 수 카드, 보드판
- 활동 방법

  1. 한 명이 문제를 내는 사람이 되어 세 자리 수 또는 네 자리 수
     를 보드판에 쓴다.
  2. 다른 사람들은 각자 원하는 자릿값 역할을 하나씩 맡는다.
  3. 문제에 제시된 수를 만들기 위해 각 자릿값에서 필요한
     카드를 선택한다.
  4. 자릿값 역할 친구들이 선택한 겹자석 수 카드를 모았을 때
     문제에 제시된 수가 만들어지는지 확인한다.

 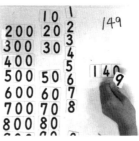

04
자릿값! 처방전!

자릿값에서 오류를 나타내는 아이들은 묶음과 분할에 대한 이해가 부족한 경우가 많다. 이는 앞으로 배우게 될 받아올림과 받아내림에 대한 미숙으로 이어지게 된다. 이를 보완하기 위해서는 자릿값의 개념에 대한 이해를 바탕으로 한 구체물 조작 활동이 필요하다.

 하나, 10씩 묶고 교환하라

우리는 십진기수법을 사용하고 있다. 십진법은 0, 1, 2, 3, 4, 5, 6, 7, 8, 9의 10개 숫자를 사용하여 수를 나타내는 방법으로 한 자리씩 올라갈 때마다 자릿값이 10배씩 커진다. 즉 10은 새로운 모임을 결정하는 값이 되므로 10개씩 묶어 세어 보는 경험이 중요하다.

십진기수법에서 특정한 자리에 쓸 수 있는 최대 수는 9이다. 그러므로 묶어서 10 또는 100이라는 수가 만들어지면 필연적으로 상위자리로 이동해야 하는데, 이때 필요한 활동이 교환하기이다. '일 모형 10개를 십 모형 1개로', '십 모형 10개를 백 모형 1개로' 등의 교환하기는 두 자리 수, 세 자리 수, 네 자리 수를 배워 가는 과정에서 꼭 필요한 활동이다.

그런데 **이때 중요한 것은 교환하기가 양방향으로 이루어져야 한다는 것이다.** 대부분 상위자리로의 교환만 중요하다고 생각하지만 십 모형 1개를 일 모형 10개로 교환하기 등과 같이 상위 단위 1개를 해체하여 하위 단위 10개로 교환하는 과정도 중요하다. 양방향으로 이루어지는 교환하기 활동은 한 자리 수에서 두 자리 수, 두 자리 수에서 세 자리 수, 세 자리 수에서 네 자리 수로의 자릿수 변화를 이해하게 하고, 나아가 사칙연산에서 받아올림과 받아내림을 하는 데 도움이 된다.

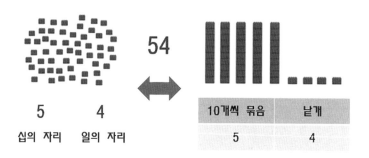

둘, 적절한 모델을 사용하라

10씩 묶기와 교환하기는 수 감각을 발달시킬 뿐만 아니라 자릿값 개념의 기초가 된다. 10씩 묶고 교환하기 활동을 할 때 주의해야 할 점은 적절한 모델을 이용하는 것이다.

10씩 묶기와 교환하기 활동에 도움이 되는 모델은 크게 비례 모델과 비(非)비례 모델로 구분할 수 있다.

비례 모델은 수의 크기와 자료의 양이 비례하는 모델이다. 즉, 10을 나타내는 모델은 1을 나타내는 모델의 10배의 양이나 크기와 같고, 100을 나타내는 모델은 10을 나타내는 모델의 10배의 양이나 크기와 같다. 비례 모델에는 수 모형, 퀴즈네어 막대, 연결큐브 등이 있다.

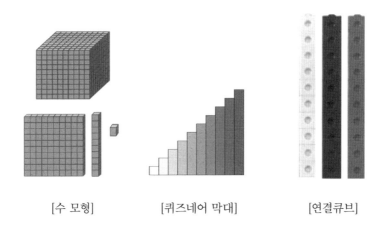

[수 모형]　　　　　[퀴즈네어 막대]　　　　　[연결큐브]

비(非)비례 모델은 모의 화폐, 칩, 주판 등과 같이 크기와 상관없이 색깔이나 위치로 수의 크기를 나타내는 모델로 비례 모델보다 추상적이다.

[모의 화폐]　　　　　　　　　　　[칩]

　　아이들이 한 자리 수부터 시작하여 두 자리 수, 세 자리 수를 배우
는 과정에서 수 감각을 형성하기 위해서는 비례 모델이 도움이 된다.
하지만 수가 커질수록 비례 모델을 이용하여 크기를 비교하기가 어렵기
때문에 이런 경우에는 비(非)비례 모델을 이용할 수 있다.

1. 자릿값 판을 이용하라.

자릿값은 숫자의 위치가 수를 결정하는 것이다. 자릿값 판은 자릿값
의 의미를 효과적으로 익힐 수 있는 교구이다. 수 모형으로 자릿값
판에 두 자리 수, 세 자리 수, 네 자리 수를 표현하는 활동은 자릿값
개념 형성에 도움을 준다.

2. 구체물을 묶고 교환하라.

자릿값의 출발은 10개씩 묶는 것이다. 바둑돌, 연결큐브, 에그블록
등을 이용해 묶고 교환하는 활동이 중요하다. 10개의 일을 1개의 십
으로 또는 1개의 십을 10개의 일로 바꾸는 활동이 모두 강조되어야
한다.

3. 비례 모델로 감각을 익혀라.

처음 10씩 묶고 교환하기 활동을 할 때는 수의 크기와 자료의 양이
비례하는 비례 모델을 이용하여 수 감각을 형성시켜야 한다.

2와 2를 모으면 22?
모으기와 가르기 제대로 알기

✅ 체크포인트 1.
모으기와 가르기를 할 수 있는가?

✅ 체크포인트 2.
'5'를 여러 가지 방법으로 설명할 수 있는가?

✅ 체크포인트 3.
'10'을 여러 가지 방법으로 설명할 수 있는가?

01
모으기 전과 후의 전체 수가 달라요

모으기와 가르기에서
전체 수가 달라지면 안 돼요.

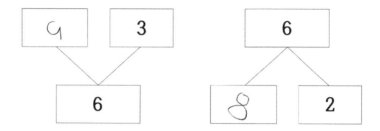

수해력을 진단하던 중 모으기와 가르기 관련 문항에서 전혀 예상하지 못한 답을 쓴 아이를 발견하였다. 모으기와 가르기의 의미를 잘못 이해한 걸까? 이 아이는 답을 써야 하는 곳에 무조건 제시된 두 수를 더한 값을 쓴 채 무엇이 잘못된 줄 모르고 오히려 뿌듯한 표정을 짓고 있었다. 아마도 이 아이는 이전까지 구체물을 통한 모으기와 가르기 경험이 부족했을 것이다.

6을 어떻게 모으고 가를 수 있을까? 3과 3은 모아져서 6이 되고, 6은 또 3과 3으로 가를 수 있다. 이 외에도 바둑돌 6개를 이용해서 모으기와 가르기를 해 본다면 여러 가지 방법이 있다는 것을 쉽게 알 수 있다.

여기서 중요한 점은 한 수로 모으거나 한 수를 가를 때 모으기 한 수나 가르기 전의 수는 변함이 없다는 것이다. 이는 구체물 조작 활동을 하다 보면 자연스럽게 경험에서 발견할 수 있다.

만약 **모으기와 가르기를 지도할 때 구체물 조작 활동을 등한시하고 학습지 형태의 문제 풀이만 제공한다면 아이들의 수 감각 형성에 크게 도움이 되지 않는다.**

막대로 모으기와 가르기

- 영역: 모으기와 가르기
- 인원: 1~4명
- 준비물: 퀴즈네어 막대(또는 수 막대)
- 활동 방법
  1. 기준 막대를 1개 정한다.
  2. 다른 막대들을 이용해서 기준 막대와 길이가 같은 막대를 만든다.
  3. 만들어진 막대를 보고 색깔을 수와 대응시켜 설명한다.

['9'를 두 가지 수로 모으기와 가르기]　　　['10'을 세 가지 수로 모으기와 가르기]

- 아이들이 잘 가지고 노는 장난감을 이용해도 좋다.
- 추가로 제시된 수에서 1 더하고 뺀 수에 해당하는 막대를 찾게 하면 수 감각을 길러 주는 데 도움이 된다.

수판으로 모으기와 가르기

- 영역: 모으기와 가르기
- 인원: 2~4명
- 준비물: 수판, 바둑돌
- 활동 방법
  1. 한 명이 1부터 10까지의 수 중에서 하나의 수를 말한다.
  2. 다른 사람들은 제시된 수를 두 수로 가르기하여 수판에 바둑돌로 나타낸다.
  3. 각자 수판에 표현한 것을 설명하고, 모으면 제시된 수가 되는지 확인한다.

[제시된 수가 '6'일 때]

- 패턴을 통한 직관적인 수의 모으기와 가르기를 익힐 수 있도록 아이들의 다양한 생각을 격려한다.

9점 도미노로 모으기와 가르기

- 영역: 모으기와 가르기   • 인원: 1~4명
- 준비물: 9점 도미노
- 활동 방법

  <미션! 수를 만들어라>

  1. 한 명이 1부터 10까지의 수 중에서 하나의 수를 말한다.
  2. 다른 사람들은 양쪽 점의 개수를 합해 제시된 수가 되는 도미노를 찾는다.
  3. 도미노를 많이 찾은 사람이 이긴다.

  <미션! 퍼즐을 완성하라>

  1. 한 명이 1부터 10까지의 수 중에서 하나의 수를 말한다.
  2. 도미노 여러 개를 모아서 주어진 수를 만든다.
  3. 다양하게 만든 사람이 이긴다.

- 아이들이 주사위 점의 수를 세지 않고 주사위 패턴을 인식하면서 수를 파악하는 직산 능력은 초기 연산 활동에서 중요하다.
- 아이들의 수준에 따라 제시하는 수의 범위를 다르게 한다.

02
'10'을 만들어야 한다는 생각을 하지 못해요

하나씩 세기만 하면
수 사이의 관계를 이해하지 못해요.

선생님: "19와 8을 더하면 얼마가 될까요?"
학생1:   "27입니다."

$$
\begin{array}{r}
{\scriptstyle 1} \\
1\ \ 9 \\
+\quad\ \ 8 \\
\hline
2\ \ 7
\end{array}
$$

선생님: "바둑돌로 설명해 볼까요?"
학생1: "바둑돌이 한 개, 두 개, 세 개…, 스물일곱 개입니다."

"19와 8을 더하면 얼마가 될까요?"라는 질문에 자신 있게 세로셈으로 계산하여 "27입니다."라고 말했던 아이. 계산을 살펴보니 받아올림 표시도 정확하였다. 받아올림이 있는 '(두 자리 수) + (한 자리 수)'의 계산을 정확하게 이해하고 있다고 생각했다.

그런데 추가 발문 하나에 추측은 틀리고 말았다. 바둑돌로 설명해 보라고 물어보았는데, 아이는 바둑돌을 일일이 하나씩 세면서 설명하였다. 아이가 수의 크기와 양의 의미는 모른 채 단순히 계산만 했던 것이다. 수의 의미와 계산을 서로 연결시키지 못한다면 수 사이의 관계를 살펴보지 못하게 된다.

수에 대한 감각이 있어 수 사이의 관계를 살펴볼 수 있다면 세로셈이 아니라 질문을 듣자마자 답을 말할 수 있을 것이다. 8을 1과 7로 가르기하여 19에 1을 더하면 20이 되고 7이 남으므로 바로 '27'이라고 답할 수 있다.

우리가 사용하는 기수법은 십진기수법이다. '1, 10, 100, 1000…'과 같이 10배마다 상위자리로 옮겨 가는 표현 방법을 사용하기 때문에 **10을 모으고 가르는 능력은 덧셈과 뺄셈을 할 때 도움이 된다.**

'5' 만들기(1)

- 영역: 모으기와 가르기
- 인원: 2명
- 준비물: 수 카드(1~5) 또는 점 카드(1~5) 4벌, 종
- 활동 방법

  1. 카드를 모두 섞은 후 열 장씩 나누어 갖는다.
  2. 앞면을 확인하지 않은 채 뒷면이 보이도록 각자 앞에 더미로 쌓아 둔다.
  3. 한 명씩 자기 카드 더미의 맨 위 카드부터 한 장씩 뒤집어 놓는다.
  4. 펼쳐진 카드들 중에 두 카드의 합이 5가 되는 카드가 있다면 종을 친 후 두 카드를 가져간다.
  5. 카드를 많이 가져간 사람이 이긴다.

- 5뿐만 아니라 다양한 수로 변형시켜 제시된 수에 대해서 모으고 가르기할 수 있는 경험을 할 수 있게 한다.

'5' 만들기(2)

- 영역: 모으기와 가르기
- 인원: 2~4명
- 준비물: 과일 카드(4종류의 과일이 1~5개씩 그려진 카드) 40장, 종
- 활동 방법
  1. 2~4명이 모여 카드를 똑같이 나누어 갖는다.
  2. 받은 카드를 잘 섞은 다음 카드의 앞면이 보이지 않게 뒤집어 쌓아 놓는다.
  3. 종을 가운데 놓고 진행 순서에 따라 차례대로 맨 위의 카드부터 한 장씩 뒤집어 바닥에 놓는다.
  4. 바닥에 놓인 카드로 같은 모양의 과일이 5개가 이루어지는 것을 발견한 사람이 종을 치고 그 카드들을 가지고 가서 내 카드 더미 맨 아래에 놓는다.
  5. 과일이 5개가 되지 않았는데 종을 치면 다른 친구들에게 내 카드를 한 장씩 준다.
  6. 카드를 가장 많이 가지고 있는 사람이 이긴다.

- 과일 카드가 없는 경우 직접 과일 카드를 만들어 사용하거나, 과일이 아닌 다른 사물이 그려진 카드를 만들어도 된다.

 **'10층' 만들기**

- 영역: 모으기와 가르기
- 인원: 1명
- 준비물: 퀴즈네어 막대
- 활동 방법
  1. 퀴즈네어 막대로 10부터 1까지의 계단을 만든다.
  2. 각 막대의 꼭대기에 '보수'를 더해서 모든 계단이 10층이 되도록 만든다.
  3. 만들어진 10층 계단을 보면서 10에 대한 보수를 확인한다.

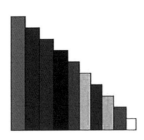 

- 사전에 퀴즈네어 막대의 색깔과 수를 대응시키는 활동이 필요하다.

 **'10' 만들기**

- 영역: 모으기와 가르기
- 인원: 2~4명
- 준비물: 수 카드(1~9) 4벌 또는 아이씨텐 카드
- 활동 방법
  1. 카드를 수가 보이지 않게 뒤집어서 책상 위에 모두 펼쳐 놓는다.
  2. 한 명이 한 장을 뒤집는다.
  3. 다음 사람이 뒤집어서 펼쳐진 카드들을 모아서 10이 되면 '십'을 외치고, 카드를 가져간다.
  4. 시간 안에 카드를 많이 가져간 사람이 이긴다.

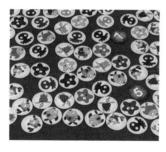 

짝꿍 찾기

- 영역: 모으기와 가르기
- 인원: 1~4명
- 준비물: 숫자판
- 활동 방법

  1. 8×8 또는 10×10 격자판의 정사각형 안에 숫자가 쓰인 숫자판
     에서 이웃해 있거나 대각선을 인접해 있는 10에 대한 보수 관계
     인 두 수를 찾아 동그라미를 친다.
  2. 10이 되는 인접한 두 수를 많이 찾으면 이긴다.

2	3	5	5	4	6	3	9
8	8	2	3	9	1	5	7
1	8	2	0	5	4	6	9
1	3	7	8	7	5	1	1
9	5	4	4	6	9	0	8
1	5	0	8	2	9	1	9
6	3	5	5	2	4	5	5
6	0	6	8	2	4	7	5

- 격자판의 수 배열은 10의 보수 관계에 유의하여 변형할 수 있다.

03
모으기와 가르기! 처방전!

두 수를 하나의 수로 모으거나 하나의 수를 다른 두 수로 가르는 활동은 수 개념을 확립하는 데 중요한 역할을 한다. 저학년에서는 모으기와 가르기 능력의 차이가 크게 나타나지 않는다. 하지만 고학년이 되면 모으기와 가르기 능력의 차이가 곧 덧셈과 뺄셈 능력이 되므로 수를 모으고 가르는 활동은 중요하다. 그러므로 다양한 구체물과 덧셈과 뺄셈 연산 모델을 사용하여 모으기와 가르기를 의도적으로 꾸준히 지도해야 한다.

하나, 모으기 가르기 판을 이용하라

모으기와 가르기를 지도할 때 중요한 점은 구체물로 시작하는 것이다. 빈칸에 알맞은 숫자를 써넣는 것보다 구체물을 빈칸에 직접 옮기거나 놓는 활동이 먼저 이루어져야 한다.

구체물로 조작 활동을 할 때 주의할 점은 책상 위에 구체물만 올려져 있으면 안 된다는 것이다. 처음에는 책상 위에 바둑돌만 두고 모으기와 가르기 활동을 했다. 그러다 보니 바둑돌끼리의 구분이 명확하지 않아서 한눈에 활동 결과를 파악하기 어려웠다.

효과적인 모으기와 가르기 활동을 위해서는 모으기 판과 가르기 판이 필요하다. 모으기 판과 가르기 판은 네모 상자들이 서로 연결된

단순한 형태이다. 얼마든지 쉽게 만들 수 있다. 모으기 판과 가르기 판에서 바둑돌 등과 같은 구체물을 이용해서 활동하면 결과를 즉각적으로 인식할 수 있어 수 감각과 수 사이의 관계를 이해하는 데 효과적이다.

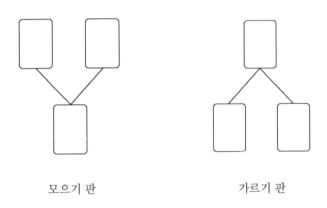

모으기 판   가르기 판

 ## 둘, '10의 보수'를 이용하라

어떤 수에 얼마를 더해 주면 10이 될까? 10이 되기 위하여 보충해 주는 수를 '10의 보수' 또는 '10에 대한 보수'라고 한다.

10은 0과 10, 1과 9, 2와 8, 3과 7, 4와 6, 5와 5로 가르기할 수 있다. 이와 같이 **어떤 수가 모여서 10을 만드는지 알게 된다면 덧셈과 뺄셈을 할 때 두 수의 합이 10이 넘는지를 빨리 판단할 수 있고, 수의 관계를 이용하여 쉽게 계산할 수 있다.**

예를 들어 '37 + 16'에서 일의 자리 숫자 7과 6은 더해서 10이 되는 수가 아니므로 받아올림을 해야 한다는 판단을 빨리할 수 있다. '8 + 9

+ 2'에서 8과 2는 10의 보수 관계이므로 먼저 계산하면 '10 + 9'가 되어 19라는 것을 알 수 있다.

또한 '9 + 5'의 계산을 10의 보수와 가르기를 이용하면 쉽게 이해할 수 있다. 9에 대한 10의 보수는 1이므로, 5를 1과 4로 가르기하면 14가 된다는 것을 알 수 있다.

$$9 + 5$$
$$= (9 + 1) + 4$$
$$= 10 + 4 = 14$$

'13 - 7'의 계산도 10의 보수와 가르기를 이용할 수 있다. 13에서 3을 빼면 10이 되므로, 7을 3과 4로 가른다. 10에서 4를 빼면 4에 대한 10의 보수는 6이므로 6이 된다는 것을 알 수 있다.

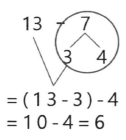

$$13 - 7$$
$$= (13 - 3) - 4$$
$$= 10 - 4 = 6$$

세환샘's
Tip

1. 모으기 판과 가르기 판을 이용하라.

수 감각과 수 사이의 관계를 이해하기 위해서는 모으기와 가르기 활동을 할 때 모으기 판과 가르기 판을 이용해야 한다. 모으기 판과 가르기 판에서 바둑돌 등과 같은 구체물로 활동하면 결과를 즉각적으로 인식할 수 있어 도움이 된다.

2. 20 이하의 수에서 다양하게 모으기와 가르기를 하라.

모으기와 가르기는 덧셈과 뺄셈을 위한 중요한 기초가 된다. 20 이하의 수를 다양한 방법으로 모으고 가르기하는 활동은 수의 관계를 파악하는 데 중요한 기초가 된다.

3. 10의 보수를 익혀라.

10의 보수는 덧셈과 뺄셈을 효과적으로 하기 위해 꼭 필요한 개념이다. 모으기와 가르기 활동을 통해 10의 보수를 익히게 하면 쉽게 계산할 수 있는 힘이 길러진다.

VI

28+13=31(?)
덧셈 제대로 알기

✓ 체크포인트 1.
이어 세기를 하는가?

✓ 체크포인트 2.
자릿값에 맞게 계산하는가?

✓ 체크포인트 3.
받아올림을 제대로 하는가?

✓ 체크포인트 4.
조작 활동으로 덧셈을 설명할 수 있는가?

01
이어 세기를 하지 못해요

이어 세기를 하지 못하면 덧셈이 안 돼요.

$4 + 3 = \boxed{6}$	$2 + 6 = \boxed{7}$
$6 + 5 = \boxed{10}$	$3 + 9 = \boxed{11}$

우리 아이의 틀린 문제들을 보았을 때, 특정한 패턴이 발견된 경우가 있을 것이다. 특정한 패턴은 오류를 정확하게 진단하는 데 중요하다. 그러므로 오류 경향을 파악할 때는 반드시 아이의 해결 과정을 살펴보아야 한다. 또한 틀린 문제일지라도 어떻게 해결했는지 설명하게 해야 한다.

위의 아이는 무엇을 헷갈리고 있는 걸까? "4 더하기 3이 왜 6인지 설명해 줄래?"라는 질문에 아이는 손가락을 이용해 "하나, 둘, 셋, 넷, 넷, 다섯, 여섯." 이렇게 답했다. 4를 세고 3을 더하는 과정에서 4를 중복해서 세었던 것이다.

이 외에도 수 감각이 낮은 아이들은 수 세기가 능숙하지 않기 때문에 더하는 과정에서 어느 한 부분의 수 세기를 빼먹기도 한다. 이때에는 **구체물로 수 세기의 경험을 하는 것부터 다시 지도하면서 이어 세기가 능숙하게 이루어질 수 있도록 해야 한다.**

●	●	●	●	●	●	●	…
↑	↑	↑	↑	↑	↑	↑	…
일	이	삼	사	오	육	칠	…

7	●	●	●	●	●	●	●	●
↑	↑	↑	↑	↑	↑	↑	↑	↑
칠	팔	구	십	십일	십이	십삼	십사	십오

[이어 세기 활동]

손가락으로 이어 세기

- 영역: 덧셈-이어 세기
- 인원: 2명
- 준비물: 십면체 주사위 2개
- 활동 방법

  1. 각자 십면체 주사위를 1개씩 던진다.
  2. 던진 주사위 눈의 수를 확인한 후 그 수만큼 손가락으로 나타낸다.
  3. 자신과 상대방의 손가락을 세면서 두 수의 합을 구한다.

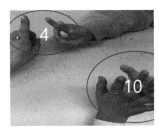

['6 + 8'일 때]   ['6 + 7'일 때]

· '6 + 8'을 계산한다면 한 명은 손가락으로 6을 다른 한 명은 손가락으로 8을 표현한다. 5와 5를 더하면 10이 되고 남은 1과 3을 더하면 4가 되므로 14라는 것을 시각적 이미지로 확인할 수 있다.

수직선으로 이어 세기

- 영역: 덧셈-이어 세기
- 인원: 1~2명
- 준비물: 십면체 주사위 2개
- 활동 방법
  1. 한 명씩 돌아가면서 십면체 주사위 2개를 동시에 던진다.
  2. 던진 주사위 두 눈의 수를 확인한다.
  3. 수직선에 나타낸 후 서로 비교한다.
  4. 두 수를 더하면 얼마가 되는지 확인한다.

① 이어 세기

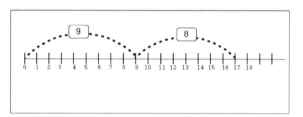

② 기준수 '10'을 이용한 경우

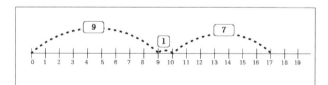

주사위로 이어 세기

- 영역: 덧셈-이어 세기
- 인원: 2명
- 준비물: 십면체 주사위 2개, 놀이판
- 활동 방법
  1. 십면체 주사위 2개를 던진다.
  2. 나온 두 수를 이어 센 후 합을 말한다.
  3. 해당 합을 숫자판에서 찾아 색칠한다.
  4. 연속 세 칸을 먼저 색칠한 사람이 이긴다.
  5. 만약 같은 수가 두 번 나올 경우 처음 것만 인정한다.

02
자릿값을 몰라요

자릿값을 모르면 덧셈이 안 돼요.

$\begin{array}{r} 2\ 8 \\ +\ 3\ 6 \\ \hline \end{array}$ ㅓ l ㅕ	$\begin{array}{r} 4\ 7 \\ +\ 3\ 5 \\ \hline \end{array}$ ㄱ l ㄴ

이 아이는 무엇을 헷갈리고 있는 걸까? 우리 아이에게서도 똑같은 패턴을 발견한 적이 있었나 생각해 볼 필요가 있다. 이번에는 일의 자리는 일의 자리끼리 더하여 쓰고, 십의 자리는 십의 자리끼리 더하여 쓴 경우이다. 자릿값에 대한 이해가 부족할 때 나타나는 패턴이다. 합의 결과로 나타난 수를 자릿값은 고려하지 않고 두 합의 결과를 그대로 기록한 것이다.

이런 경우에는 '54를 서로 다른 다섯 가지 방법으로 나타내기'와 같은 활동을 통해 자릿값 이해에서 오는 받아올림 또는 받아내림 관련 오류를 해결할 수 있다.

10개씩 묶음	낱개
5	4

➡ 54 ➡

10개씩 묶음	낱개
4	14
3	24
2	34

　자릿값 개념을 교환하기와 직접 연계시키는 것은 연산 알고리즘 탐구와 개발에 필수적이다. **교환하기 연습은 수를 유연하게 다룰 수 있게 함으로써 덧셈과 뺄셈 알고리즘의 탐구와 개발에 효과적으로 이용된다.**

에그블록으로 덧셈하기

- 영역: 덧셈-자릿값
- 인원: 1~2명
- 준비물: 십면체 주사위 4개, 에그블록
- 활동 방법
  1. 각자 십면체 주사위 2개를 동시에 던진다.
  2. 던진 주사위 두 눈의 수를 확인한다.
  3. 주사위 두 눈을 이용해서 만들 수 있는 두 자리 수 중 가장 큰 두 자리 수를 에그블록으로 만든다.
  4. 각자 만든 에그블록을 서로 더하여 합을 구한다.

- 낱개 블록 10개가 모이면 에그블록 판 1개를 채우게 하여 자릿값 개념을 익히게 한다.

겹자석 수 카드로 덧셈하기

- 영역: 덧셈-자릿값
- 인원: 1~2명
- 준비물: 십면체 주사위 4개, 겹자석 수 카드
- 활동 방법
  1. 각자 십면체 주사위 2개를 동시에 던진다.
  2. 던진 주사위 두 눈의 수를 확인한다.
  3. 주사위 두 눈을 이용해서 만들 수 있는 두 자리 수 중 가장
     큰 두 자리 수를 겹자석 수 카드로 만든다.
  4. 각자 만든 겹자석 수 카드를 서로 더하여 합을 구한다.

$$74 + 26 =$$

$$70 + 20 = 90$$
$$4 + 6 = 10$$

- 두 자리 수를 겹자석 수 카드로 나타낼 때 자릿값의 개념을 고려하여 만들
  게 한다. 예를 들어 '74'는 '70' 수 카드에 '4' 수 카드를 일의 자리 위에 붙
  여 나타낸다.

수 배열판으로 덧셈하기

- 영역: 덧셈-자릿값
- 인원: 1명
- 준비물: 십면체 주사위 4개, 수 배열판
- 활동 방법
  1. 십면체 주사위 4개를 동시에 던진다.
  2. 눈의 수를 확인한다.
  3. 4개의 수를 이용해서 가장 큰 두 자리 수와 가장 작은 두 자리 수를 만든다.
  4. 수 배열판에서 두 수의 합을 구한다.

['43＋17'일 때]

1	2	3	4	5	6	7	8	9	10
11	12	13	14	15	16	17	18	19	20
21	22	23	24	25	26	27	28	29	30
31	32	33	34	35	36	37	38	39	40
41	42	43	44	45	46	47	48	49	50
51	52	53	54	55	56	57	58	59	60
61	62	63	64	65	66	67	68	69	70
71	72	73	74	75	76	77	78	79	80
81	82	83	84	85	86	87	88	89	90
91	92	93	94	95	96	97	98	99	100

['55＋33'일 때]

덧셈 판으로 덧셈하기

- 영역: 덧셈-자릿값
- 인원: 1명
- 준비물: 십면체 주사위 4개, 덧셈 판
- 활동 방법
  1. 십면체 주사위 4개를 동시에 던진다.
  2. 눈의 수를 확인한다.
  3. 4개의 수를 이용해서 가장 큰 두 자리 수와 가장 작은
     두 자리 수를 만든다.
  4. 덧셈 판에서 두 수의 합을 구한다.

백의 자리	십의 자리	일의 자리
	7	6
+	1	5
	1	1
+	8	0
	9	1

'100'에 먼저 도착하기

- 영역: 덧셈
- 인원: 2명
- 준비물: 십면체 주사위 2개, 놀이판, 말 2개
- 활동 방법

  1. 가위바위보로 순서를 정한다.
  2. 자신의 차례가 오면 주사위 2개를 동시에 던진다.
  3. 던져서 나온 두 눈의 합을 구한다.
  4. 두 눈의 합만큼 놀이판에서 자신의 말을 옮긴다.
  5. 먼저 100에 도착하는 사람이 이긴다.

03
받아올림을 하지 못해요

받아올림을 하지 못하면 덧셈이 안 돼요.

덧셈에 자신 있어 하던 아이. '4+3', '13+5'처럼 받아올림이 없는 문제는 쉽게 해결하던 아이. 이 아이는 위의 문제를 해결할 때도 자신 있는 표정이었다. 무엇이 잘못되었는지 모른 채. 똑같은 패턴으로 모든 문제를 해결해 나가고 있었다.

문제는 바로 받아올림을 하지 않는 것이다. 이 경우에는 받아올림이 있는 한 자리 수부터 진단해 볼 필요가 있다. 1학년 때 받아올림이 있는 한 자리 수의 덧셈을 어려워하는 아이들이 많기 때문이다.

1학년 수준에서 한 자리 수의 덧셈은 굳이 받아올림이라는 개념을 사용하지 않더라도 구체물이 있다면 해결할 수 있지만, 구조화된 모델 사용의 경험이 부족하다면 학습 결손이 누적될 수 있다.

그러므로 **받아올림을 하지 않는 경우에는 구조화된 모델 사용으로 시각적 이미지를 구성하여 받아올림에 대한 지식이 형성되도록 해야 한다.**

또한 어림셈을 사용할 수 있도록 도와주어야 한다. 어림셈을 사용할 줄 안다면 계산을 하는 도중 계산을 바르게 하고 있는지 확인할 수 있다. 계산한 후 어림셈을 사용하면 계산 결과에 대해 반성을 하게 되므로 자신의 계산이 타당한지 알아보고 스스로 수정할 기회를 갖게 된다.

 **수판으로 덧셈하기**

- 영역: 덧셈-받아올림
- 인원: 1~2명
- 준비물: 십면체 주사위 2개, 수판
- 활동 방법
  1. 각자 십면체 주사위를 1개씩 던진다.
  2. 던진 주사위 눈의 수를 확인한 후 그 수만큼 각자 수판에
     나타낸다.
  3. 자신과 상대방이 만든 수판을 이용해 두 수의 합을 구한다.

[주사위의 눈이 '6'과 '7'이 나왔을 때]

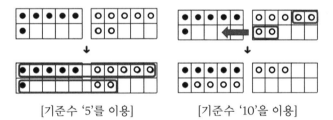

[기준수 '5'를 이용]   [기준수 '10'을 이용]

20알 주판으로 덧셈하기

- 영역: 덧셈-받아올림
- 인원: 1명
- 준비물: 십면체 주사위 2개, 20알 주판
- 활동 방법
  1. 십면체 주사위 2개를 동시에 던진다.
  2. 던진 주사위 눈의 수를 확인한다.
  3. 윗줄과 아랫줄에 주사위 눈의 수를 각각 나타낸다.
  3. 20알 주판으로 두 수의 합을 구한다.

[주사위의 눈이 '9'와 '8'이 나왔을 때]

[기준수 '5'를 이용]　　　　　[기준수 '10'을 이용]

 **막대로 덧셈하기**

- 영역: 덧셈-받아올림
- 인원: 1~2명
- 준비물: 십면체 주사위 2개, 퀴즈네어 막대(또는 수 막대)
- 활동 방법
  1. 십면체 주사위 2개를 동시에 던진다.
  2. 던진 주사위 눈의 수를 확인한다.
  3. 주사위 눈의 수를 각각 퀴즈네어 막대로 나타낸다.
  3. 퀴즈네어 막대로 두 수의 합을 구한다.

① 기준수 '5'를 이용한 경우

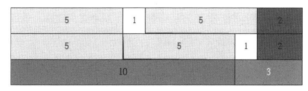

[6+7 → 5+1+5+2]

② 기준수 '10'을 이용한 경우

[6+7 → 6+4+3]

- 퀴즈네어 막대를 사용할 때는 학생이 모든 색깔과 크기를 순서대로 말할
  수 있는지 확인한 후 사용해야 한다.

'20' 만들기

- 영역: 덧셈-받아올림
- 인원: 1~2명
- 준비물: 십면체 주사위 1개, 퀴즈네어 막대, 놀이판
- 활동 방법

  1. 놀이판에 제시된 퀴즈네어 막대 모양을 퀴즈네어 막대 색깔에 맞게 색칠한다.
  2. 십면체 주사위 1개를 던져서 나온 눈에 해당하는 막대를 찾는다.
  3. 해당하는 막대에 대한 20의 보수를 구해 옆의 칸에 식을 완성한다. 만약 주사위를 던져 '7'이 나왔다면 7에 해당하는 검은색 막대를 찾고 7에 대한 20의 보수를 구한다. 옆에 20이 되는 식을 완성한다.

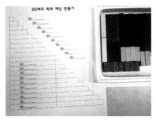

04
덧셈! 처방전!

 ## 하나, 덧셈이 필요한 상황을 이해하라

일상에서 덧셈이 필요한 상황은 크게 첨가, 합병 상황으로 구분할 수 있다. 아이들에게 첨가, 합병이라는 용어를 사용할 필요는 없지만, **상황 속에서 자연스럽게 덧셈의 의미를 찾아 식을 표현하고 계산하도록 하려면 상황에 대한 이해가 필요하다.**

① 첨가 상황

첨가 상황은 처음 있던 양이 증가하도록 보태는 것과 같은 변화를 일으키는 행위나 시간에 따른 변화에 관련되는 상황이다. 즉, 하나의 부분에 다른 부분을 첨가해서 전체를 알아내는 조작이다.

□+□=□

[1학년 1학기 3단원 첨가 상황]

예를 들면 "6명이 모여 있었는데 2명이 더 왔습니다. 모두 몇 명이 모였습니까?"와 같은 상황이다. 처음에 있던 사람 수에 나중에 온 사람

수를 더해 전체 사람 수를 구하는 상황이 덧셈이라는 의미와 연결되도록 해야 한다. 이는 구체물을 통해서 제시할 수도 있다. 왼손에 바둑돌 6개를 올려놓는다. 그다음에 통에서 바둑돌 2개를 집어 왼손 위에 더 올려놓는다. 왼손에 있는 바둑돌은 모두 몇 개인지 구하게 할 수 있다.

② 합병 상황

합병 상황은 변화를 일으키는 행위나 시간에 따른 변화와는 관련이 없고 전체 집합과 그 부분 집합의 관계에 관련되는 상황이다. 동시적으로 존재하는 두 양을 한데 합한 크기를 구하는 조작으로 전체 집합과 부분 집합의 관계에 관련된다.

[1학년 1학기 3단원 합병 상황]

예를 들면 "왼쪽에 4명, 오른쪽에 2명이 있습니다. 모두 몇 명인가요?"와 같은 상황이다. 바둑돌을 이용하면 왼손에 바둑돌 4개, 오른손에 바둑돌 2개를 놓은 후 두 손을 하나로 합치면 바둑돌이 모두 몇 개가 되는지를 통해 합병 상황을 덧셈으로 연결시킬 수 있다.

둘, 덧셈 구구표를 이용하라

덧셈 구구표는 덧셈 전략을 완성시킬 수 있는 자료이다. 덧셈 구구표를 완성하기 위해 처음에는 완성된 덧셈 구구표를 제시하여 구구들 사이의 관련성 및 규칙성을 찾게 한다. 이후 아이들이 점진적이고 체계적으로 구구를 배우면서 표의 빈칸을 채우도록 해야 한다.

🁢 빈칸에 알맞은 수를 써 봅시다.

1+1 2	1+2 3	1+3 4	1+4 5	1+5 6	1+6 7	1+7 8	1+8 9	1+9 10
2+1 3	2+2 4	2+3 5	2+4 6	2+5 7	2+6	2+7	2+8 10	2+9 11
3+1 4	3+2 5	3+3 6	3+4 7	3+5 8	3+6	3+7	3+8	3+9 12
4+1 5	4+2 6	4+3 7	4+4 8	4+5 9	4+6 10	4+7	4+8 12	4+9 13
5+1 6	5+2 7	5+3 8	5+4 9	5+5 10	5+6 11	5+7 12	5+8 13	5+9 14
6+1 7	6+2	6+3	6+4 10	6+5 11	6+6 12	6+7 13	6+8 14	6+9 15
7+1 8	7+2	7+3	7+4	7+5 12	7+6 13	7+7 14	7+8 15	7+9 16
8+1 9	8+2 10	8+3	8+4 12	8+5 13	8+6 14	8+7 15	8+8 16	8+9 17
9+1 10	9+2 11	9+3 12	9+4 13	9+5 14	9+6 15	9+7 16	9+8 17	9+9 18

[1-2-6. 덧셈과 뺄셈 5차시 덧셈 구구표]

덧셈 구구를 가르치기 위해서는 반드시 구체물을 가지고 하는 경험을 먼저 한 후에 덧셈 구구표 활동을 해야 한다. 또 덧셈 구구는 뺄셈 구구를 회상하기 위한 주된 사고 전략이므로 아이들이 덧셈과 뺄셈 구구에 대한 관계를 인식하고 사용할 수 있도록 지도해야 한다.

연산에서 유창성도 중요하다. 한 개의 덧셈 구구를 회상하는 데 걸리는 시간은 2~3초면 적당하다. 100개의 덧셈 구구표를 완성하는 데 걸리는 시간은 짧을수록 좋지만 자신의 전략을 설명하는 것이 더 중요하다.

덧셈 구구표를 작성할 때 사용할 수 있는 전략은 다음과 같다.

① 교환법칙

- 3+6 = □와 6+3 = □의 값은 같다.

② 0과 1 더하기

- 어떤 수에 0을 더하면 자기 자신이다.

- 어떤 수에 1을 더하면 자신보다 1 큰 수가 된다.

③ 같은 수끼리 더하기(두 배 전략)

- 8+9 = □, 8+8 = 16이므로 1을 더하면 17이 된다.

④ 하나 더 전략, 하나 덜 전략

- 5+5 = 10이므로 5+6은 하나 더하여 11이 되고 5+4는 하나 덜하
  여 9가 된다.

⑤ 이어 세기 전략

- 6+2 = □, 6에서 2만큼 이어 세기를 하면 7, 8이 된다.

⑥ 10으로 만들어 더하기

- 9+4 = □, 9에서 1을 더하면 10이 되므로 9+1+3 = 13이 된다.

+	0	1	2	3	4	5	6	7	8	9
0	0	1	2	3	4	5	6	7	8	9
1	1	2	3	4	5	6	7	8	9	10
2	2	3								
3	3	4								
4	4	5								
5	5	6								
6	6	7								
7	7	8								
8	8	9								
9	9	10								

[0과 1 더하기 전략을 사용한 덧셈 구구]

+	0	1	2	3	4	5	6	7	8	9
0	0	1								
1	1	2	3							
2		3	4	5						
3			5	6	7					
4				7	8	9				
5					9	10	11			
6						11	12	13		
7							13	14	15	
8								15	16	17
9									17	18

[같은 수끼리 더하기와 하나 더(덜) 전략을 사용한 덧셈 구구]

+	0	1	2	3	4	5	6	7	8	9
0										
1		2	3	4	5	6	7	8	9	10
2		3	4	5	6	7	8	9	10	11
3		4	5							
4		5	6							
5		6	7							
6		7	8							
7		8	9							
8		9	10							
9		10	11							

[이어 세기 전략을 사용한 덧셈 구구]

세환샘's
Tip

1. 기준수를 활용하라.

기준수 '5와 10'을 활용하면 더욱 빠르고 정확하게 덧셈을 할 수 있다.
손가락, 수판, 20알 주판 등의 구체물로 기준수 '5와 10'을 활용하는
덧셈 조작 활동 경험은 덧셈 능력을 향상시키는 데 도움이 된다.

2. 어림셈을 하라.

어림셈을 하면 대략적인 계산 결과를 파악할 수 있어서 덧셈 결과에
대해 반성할 기회를 제공한다. 덧셈 계산에 오류가 많은 아이일수록
어림셈을 길러 스스로 수정할 수 있도록 도와주어야 한다.

3. 덧셈 전략을 익혀라.

덧셈 전략은 연산의 유창성을 기르는 데 핵심 요소이다. 아이들이
어떤 전략들이 있는지 외우는 것이 아니라 구체물을 이용한 조작
활동을 통해 자연스럽게 적용할 수 있도록 해야 한다.

12-8=16(?)
뺄셈 제대로 알기

✓ 체크포인트 1.
받아내림을 제대로 하는가?

✓ 체크포인트 2.
'0' 처리를 제대로 하는가?

✓ 체크포인트 3.
조작 활동으로 뺄셈을 설명할 수 있는가?

01
받아내림하지 않고 큰 수에서
작은 수를 빼요

받아내림을 하지 않으면 뺄셈이 안 돼요.

$$
\begin{array}{r}
3\overset{1}{}\overset{0}{2} \\
-\ 1\ 4 \\
\hline
2\ 8
\end{array}
\qquad
\begin{array}{r}
5\ \overset{1}{}\overset{0}{1} \\
-\ 2\ 3 \\
\hline
3\ 8
\end{array}
$$

뺄셈을 처음 접하는 아이들은 정답을 구하는 과정에서 수준 차이를 보인다. 아이들이 가지고 있는 수 감각과 수 개념이 모두 다르기 때문이다. 위와 같이 문제를 해결한 아이의 수 감각과 수 개념은 어떨까?

위의 아이처럼 뺄셈을 할 때 받아내림하지 않고 무조건 큰 수에서 작은 수를 빼려고 한다면 수 감각, 수 개념, 자릿값의 이해가 부족한 경우이다. 받아내림이 있는 알고리즘을 이해하기 위해서는 다양한 수 세기 경험뿐만 아니라 십의 자리와 일의 자리 수의 값으로 교환해야 하는 자릿값 개념이 토대가 되어야 한다.

2015 개정 교육과정 1학년 2학기 6단원에서 다루고 있는 뺄셈은 받아내림이라는 개념을 사용하지 않고 모델을 이용하여 하게 되어 있다. 왜냐하면 표준 알고리즘의 숙달보다는 구체물에 의해 수 개념을 이해하고 수 감각을 발달시키는 것을 중요하게 여기기 때문이다.

따라서 수 모형과 같은 구체물을 사용하여 수를 나타내게 하고, 교환하기가 필요한 상황임을 깨닫게 하는 것이 중요하다. 자릿값 개념을 교환하기와 직접 연계시켜 수를 유연하게 다룰 수 있게 해야 한다.

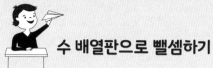

수 배열판으로 뺄셈하기

- 영역: 뺄셈-자릿값
- 인원: 2명
- 준비물: 십면체 주사위 4개, 수 배열판
- 활동 방법

1. 각자 십면체 주사위 2개를 동시에 던진다.
2. 각자 눈의 수를 확인한 후 두 자리 수를 만든다.
3. 두 수를 비교하여 둘 중 큰 수를 수 배열판에 표시한다.
4. 수 배열판에서 두 수의 차를 구한다.

1	2	3	4	5	6	7	8	9	10
11	12	13	14	15	16	17	18	19	20
21	22	23	24	25	26	27	28	29	30
31	32	33	34	35	36	37	38	39	40
41	42	43	44	45	46	47	48	49	50
51	52	53	54	55	56	57	58	59	60
61	62	63	64	65	66	67	68	69	70
71	72	73	74	75	76	77	78	79	80
81	82	83	84	85	86	87	88	89	90
91	92	93	94	95	96	97	98	99	100

['73'과 '35'를 만들어 '73'에서 '35'를 뺄 때]

뺄셈 판으로 뺄셈하기

- 영역: 뺄셈-자릿값
- 인원: 1명
- 준비물: 십면체 주사위 4개, 뺄셈 판
- 활동 방법
  1. 십면체 주사위 4개를 동시에 던진다.
  2. 눈의 수를 확인한다.
  3. 4개의 수를 이용해서 두 자리 수 2개를 만든다.
  4. 뺄셈 판에서 두 수의 차를 구한다.

	백의 자리	십의 자리	일의 자리
		4	5
−		2	8
		2	5
−			5
		2	0
−			3
		1	7

- 교환하기를 이용해 일의 자리부터 계산할 수도 있다. 아이들의 다양한 방법을 허용한다.

02
받아내림하고 '1'을 빼지 않아요

받아내림을 하지 못하면 뺄셈이 안 돼요.

$$\begin{array}{r} 3\ ^{1}\!\!2 \\ -\ 1\ 4 \\ \hline 2\ 8 \end{array} \qquad \begin{array}{r} 5\ ^{1}\!\!0 \\ -\ 2\ 3 \\ \hline 3\ 8 \end{array}$$

"아! 이거는 받아내림만 하면 되지, 너무 쉬운데."라고 말하며 신나게 문제를 해결해 나가던 아이가 있었다. 즐거워하는 표정에 내심 기대를 하며 활동지를 건네받았다. 그런데 이게 무슨 일인가? 받아내림만 하면 된다고 말하던 아이는 받아내림의 필요성은 알고 있었으나 받아내림 이후 십의 자리 수의 변화에 대해서는 생각하지 못한 채 계산을 했던 것이다.

받아내림에 대한 이해가 제대로 되지 않았을 때 자주 나타나는 문제점이다. 이때에는 **구체물로 조작 활동을 하면서 교환하기를 통해서 받아내림에 대한 정확한 이해가 선행되어야 형식화 과정에서 오류를 줄일 수 있다.**

'92-38'의 계산을 할 때 우리는 무심코 "2에서 2보다 더 큰 수인 8을 뺄 수 있나요?"라고 발문하곤 한다. 조작 활동을 하는 과정에서 위와 같은 발문은 적절하지 않다. 초등학교 교육과정에서 음수를 다루고 있지는 않지만, 그렇다고 작은 수에서 큰 수를 뺄 수 없다는 말은 수학적이지 않기 때문이다. 그러므로 2와 8을 분리하여 보지 않도록 "92에서 38을 뺄 수 있나요?"라고 발문하는 것이 적절하다.

또 잘못 말하기 쉬운 것이 바로 "2에서 8을 뺄 수 없으므로 90에서 10을 빌려 옵니다."이다. 빌려 온다는 말도 적절하지 않은 표현이다. 알고리즘을 이해하도록 발문하려면 "92에서 일의 자리 2를 위해 고쳐 묶어 봅시다.", "십의 자리를 낱개로 바꾼다면 일의 자리는 몇 개가 되나요?"와 같이 '고쳐 묶기(교환하기)'라는 말을 사용해야 한다.

발문과 함께 중요한 점이 아이들이 **구체적 조작 활동을 할 때 조작 활동하는 과정과 필산 알고리즘으로 해결하는 과정을 서로 연결**시킬 수 있도록 도와주어야 한다는 것이다.

연결큐브로 뺄셈하기

- 영역: 뺄셈-조작 활동과 필산 알고리즘
- 인원: 1명
- 준비물: 연결큐브, 뺄셈 판
- 활동 방법
  1. 십면체 주사위 4개를 동시에 던진다.
  2. 눈의 수를 확인한다.
  3. 4개의 수를 이용해서 두 자리 수 2개를 만든다.
  4. 연결큐브로 두 수의 차를 구하면서 뺄셈 판에 필산 알고리즘을 완성한다.

예) '22-6'을 연결큐브로 구하기

① 먼저 연결큐브 22개를 놓은 후 뺄셈식 22-6을 쓴다.

<table>
<tr><td>조작 활동</td><td>형식화</td></tr>
<tr><td></td><td></td></tr>
</table>

② 10개 묶음 연결큐브 1개를 낱개 10개로 교환한다.

조작 활동   형식화

③ 교환한 낱개 10개를 원래 있던 낱개 2개 위에 놓는다. 이 과
정을 받아내림으로 뺄셈식에 나타낸다.

조작 활동   형식화

④ 낱개 12개에서 6개를 뺀 후 남은 낱개의 수를 쓰고 남은
10개 묶음의 수를 쓴다.

조작 활동   형식화

에그블록으로 뺄셈하기

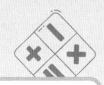

- 영역: 뺄셈-조작 활동과 필산 알고리즘
- 인원: 1명
- 준비물: 에그블록, 뺄셈 판
- 활동 방법
  1. 십면체 주사위 4개를 동시에 던진다.
  2. 눈의 수를 확인한다.
  3. 4개의 수를 이용해서 두 자리 수 2개를 만든다.
  4. 에그블록으로 두 수의 차를 구하면서 뺄셈 판에
     필산 알고리즘을 완성한다.

  예) '42-18'을 에그블록으로 구하기

  ① 먼저 에그블록 42개를 놓은 후 뺄셈식 42-18을 쓴다.

  조작 활동   형식화

② 10개 묶음 에그블록 1개를 낱개 10개로 교환한다. 교환한
   낱개 10개를 원래 있던 낱개 2개와 합친다. 이 과정을
   받아내림으로 뺄셈식에 나타낸다.

조작 활동   형식화

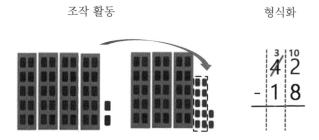

③ 낱개 12개에서 8개를 뺀다. 10개 묶음 에그블록 3개에서
   1개를 뺀다. 남은 낱개의 수를 쓰고 남은 10개 묶음의
   수를 쓴다.

조작 활동   형식화

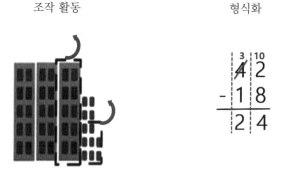

03
'0'을 어려워해요

'0'을 어려워하면 뺄셈이 안 돼요.

> **선생님:** "30에서 17을 빼면 얼마가 될까요?"
>
> **학생1:** "30 빼기 17은, 어, 27입니다."
>
> **선생님:** "왜 27이 될까요?"
>
> **학생1:** "30에서 일의 자리가 0이니깐 어, 17에서 일의 자리인 7을 쓰면 되고, 십의 자리는 3에서 1을 빼면 2가 됩니다."

어쩐지 이상했다. 이렇게 빨리 답을 할 아이가 아니었는데. 비록 답은 틀렸지만 발표를 하겠다고 손을 들었고, 또 자신의 생각을 말하는 모습이 기특했다. 뺄셈을 하다 보면 위의 아이처럼 '0'에서 어려움을 느끼는 경우가 많다.

먼저 위와 같이 뺄 수 있는 것만 빼고, 뺄 수 없는 것은 빼어지는 수의 0이 아닌 빼는 수의 일의 자리 수를 그대로 쓰는 경우이다. 또한 자신이 뺄 수 있는 것만 빼고 뺄 수 없는 것은 그냥 0을 써 버리는 경우도 있다.

왜 '0'을 어려워하는 걸까?

바로 자릿값과 받아내림의 원리를 이해하지 못한 채 형식적 알고리즘에 의해 뺄셈을 하고 있기 때문이다.

따라서 수 모형 등과 같은 **구체물을 이용한 충분한 조작 활동을 바탕으로 받아내림에 대한 이해와 자릿값 및 뺄셈의 원리를 파악**할 수 있도록 도와주어야 한다.

또한 이런 오류들을 예방하기 위해서는 계산하기 전에 어림을 해 보게 하는 것이 좋은 방법이다. **어림은 자신의 계산 결과에 대한 타당성을 갖게 한다.**

예를 들어 '30-18'의 계산을 살펴보자.

'30-18'에서 18을 20으로 어림하면 '30-20'이 되어 '30-20 = 10'이므로 '30-18'은 10보다 조금 크다고 어림할 수 있다. 만약 계산 결과가 그보다 터무니없이 크게 나왔을 때, 자신의 계산 과정이 틀렸다는 것을 직관적으로 알고 되돌아볼 수 있는 것이다.

 **수 조합하기**

- 영역: 뺄셈
- 인원: 2~4명
- 준비물: 머긴스 놀이판(1~50), 바둑돌 20개, 십면체 주사위 3개
- 활동 방법
  1. 각자 주사위를 1개씩 던져서 높은 수가 나온 사람부터 시작한다.
  2. 3개의 주사위를 던져서 나온 수로 덧셈과 뺄셈을 하여 나온 수에 자기의 바둑돌을 올려놓는다.
  3. 세 수 연속으로 자신의 바둑돌을 올려놓으면 이긴다.

숫자 땅따먹기

- 영역: 뺄셈
- 인원: 2명
- 준비물: 놀이판(1~50), 말 2개, 색연필 2자루
- 활동 방법
  1. 각자 시작점(사각형의 꼭짓점)을 정한다. 한 명이 말 2개를 손가락으로 튕긴다.
  2. 말이 들어간 칸에 적힌 두 수의 합(또는 차)을 구한다. 두 수의 합(또는 차)이 맞으면 바둑돌이 놓인 두 칸에 색연필로 색칠한다. 번갈아 가며 반복한다.
  3. 많이 색칠한 사람이 이긴다.

- 말을 튕겨 수판 밖으로 나가면 한 번 더 튕길 수 있게 기회를 준다.
- 말이 두 칸에 걸쳐지면 반 이상이 걸쳐진 칸의 수로 한다.
- 다른 사람의 땅에 들어가면 한 번 더 기회를 주고, 두 번 연속 다른 사람의 땅에 들어가면 다음 차례로 넘어간다.

'100' 피하기

- 영역: 뺄셈
- 인원: 2~4명
- 준비물: 수 카드(1~50), 바둑돌 12개, 덧셈뺄셈기호 주사위(+, -)

- **활동 방법**

  1. 100 이상의 수를 말하면 바둑돌 1개를 잃는 놀이이다.
  2. 한 사람당 수 카드 5장, 바둑돌 3개를 가지고 시작한다. 남은 수 카드는 뒤집어서 가운데에 모아 놓는다.
  3. 첫 번째 사람이 수를 외치며 수 카드 한 장을 내려놓고 카드 더미에서 한 장을 가져간다.
  4. 두 번째 사람은 먼저 덧셈뺄셈기호 주사위를 던진다. 첫 번째 사람이 내려놓은 수 카드와 덧셈뺄셈기호 주사위를 던져서 나온 연산 기호를 보고 본인의 카드 한 장을 내려놓으며 계산한 결과를 말한다. 그리고 카드 더미에서 카드 한 장을 가져간다.
  5. 세 번째 사람은 먼저 덧셈뺄셈기호 주사위를 던진다. 두 번째 사람이 말한 수와 덧셈뺄셈기호 주사위를 던져서 나온 연산 기호를 보고 본인의 카드 한 장을 내려놓으며 계산한 결과를 말한다. 그리고 카드 더미에서 카드 한 장을 가져간다.
  6. 네 번째 사람은 먼저 덧셈뺄셈기호 주사위를 던진다. 세 번째 사람이 말한 수와 덧셈뺄셈기호 주사위를 던져서 나온 연산 기호를 보고 본인의 카드 한 장을 내려놓으며 계산한 결과를 말한다. 그리고 카드 더미에서 카드 한 장을 가져간다.
  7. 이 과정을 번갈아 가면서 하다가 만약 100이 넘는 수가 나오면 바둑알 하나를 잃는다.
  8. 진 사람이 생기면 처음부터 다시 시작하고 바둑돌 3개를 다 잃은 사람은 게임을 마친다.

- 각자 항상 5장의 카드를 유지하고 남은 카드는 가운데에 더미로 놓는다.
- 수를 누적하여 더하거나 빼는 것이 아니라 바로 앞 수와만 계산한다.
- 100 이상의 수를 말하지 않기와 같은 규칙을 생각하며 전략적으로 더하기, 빼기 카드를 사용한다.
- 규칙은 합의하여 얼마든지 바꿀 수 있다.

04
뺄셈! 처방전!

 ### 하나, 뺄셈이 필요한 상황을 이해하라

일상에서 뺄셈이 필요한 상황은 크게 제거, 비교 상황으로 구분할수 있다. 아이들에게 제거, 비교라는 용어를 사용할 필요는 없지만, **상황 속에서 자연스럽게 뺄셈의 의미를 찾아 식을 표현하고 계산하도록하기 위해서는 상황에 대한 이해**가 필요하다.

① 제거 상황

제거 상황은 처음 있던 양이 감소하도록 덜어 내는 것과 같은 변화를 일으키는 행위나 시간에 따른 변화와 관련되는 상황이다. 즉, 전체에서 그중의 한 부분을 뺀 나머지를 구하는 상황이다.

예를 들면 "도윤이는 사탕을 12개 가지고 있었는데 3개를 먹었습니다. 남은 사탕은 모두 몇 개일까요?"와 같은 상황이다.

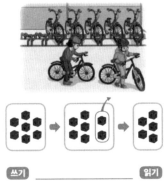

[1학년 1학기 3단원 제거 상황]

② 비교 상황

비교 상황은 서로소인 두 집합의 크기를 비교하는 것과 관련되는 상황이다. 두 부분을 알고 그들을 비교시켜 차를 알아내는 조작이다. 즉, 두 개의 수량 A, B의 크기로부터 A, B의 크기의 차를 구하는 경우이다.

예를 들면 "흰 바둑돌은 9개, 검은 바둑돌은 4개 있습니다. 흰 바둑돌은 검은 바둑돌보다 몇 개 더 많을까요?"와 같은 상황이다.

[1학년 1학기 3단원 비교 상황]

1학년 아이들은 대부분 뺄셈의 제거 상황은 쉽게 이해하지만, 비교 상황을 매우 어려워한다.

왜 비교 상황의 뺄셈 문제를 어려워할까?

비교 상황의 문제는 제거 상황보다 더 복합적으로 서술되어 있기 때문이다. 비교 상황에서 아이들은 '두 수의 차이'라는 세 번째 양을 파악해야 하고, 세 번째 양이 문제 상황에서 직접 드러나지 않을 뿐 아니라 '차이'를 스스로 확인해야 하기 때문이다.

아이들이 비교 상황을 더 이해하기 쉽게 하려면 **'~이 더 많다', '~이**

더 적다', '~하면 같아진다'와 같은 비교 표현에 익숙해져야 한다. 이후에는 반드시 두 양을 그림으로 나타내는 활동이 필요하다.

　　처음에는 이산량으로, 이산량이 익숙해진 후에는 연속량을 도입하여 이해하도록 한다. 이후에 수식으로 나타내는 활동을 할 수 있게 한다.

 ## 둘, 뺄셈 구구표를 이용하라

　　뺄셈 구구표는 뺄셈 전략을 완성시킬 수 있는 자료이다. 뺄셈 구구표를 완성하기 위해 처음에는 완성된 뺄셈 구구표를 제시하여 구구들 사이의 관련성 및 규칙성을 찾게 한다. 이후 아이들이 점진적이고 체계적으로 구구를 배우면서 표의 빈칸을 채우도록 해야 한다.

🎲 빈칸에 알맞은 수를 써 봅시다.

[1-2-6. 덧셈과 뺄셈 8차시 뺄셈 구구표]

뺄셈 구구를 가르치기 위해서는 **반드시 구체물을 가지고 하는 경험을 먼저 한 후에 뺄셈 구구표 활동**을 해야 한다.

뺄셈 구구표를 작성할 때 사용할 수 있는 전략은 다음과 같다.

① 0과 1 빼기

- 어떤 수에 0을 빼면 자기 자신이다.

- 어떤 수에 1을 빼면 자신보다 1 작은 수가 된다.

② 같은 수끼리 더하기

$$16 - 8 = \square \quad \rightarrow \quad 8 + \square = 16$$
$$8 + 8 = 16$$
$$그러므로 \ 16 - 8 = 8$$

③ 거꾸로 세기

$$9 - 2 = \square \quad \rightarrow \quad 9 \ldots 8, 7$$
$$그러므로 \ 9 - 2 = 7$$

④ 이어 세기

$$8 - 6 = \square \quad \rightarrow \quad 6 \ldots 7, 8$$
$$그러므로 \ 8 - 6 = 2$$

⑤ 덧셈 구구 이용하기

$$15 - 7 = \square \quad \rightarrow \quad 7 + \square = 15$$
$$7 + 8 = 15$$
$$그러므로 \ 15 - 7 = 8$$

세환샘's
Tip

1. 교구 조작을 계산 과정과 연계시켜라.

교구 조작 활동과 계산 과정이 연속적으로 이루어져야 한다. 뺄셈을 할 때, 교구로 수를 표현한 후 계산 과정란에 식을 쓰고, 교환하기를 하면 그 후 계산 과정란에 받아내림을 표시하는 등의 과정이 서로 연계되어야 한다.

2. 어림셈을 하라.

어림셈을 활용하면 대략적인 계산 결과를 파악할 수 있어서 뺄셈 결과에 대해 반성할 기회를 제공한다. 뺄셈 계산에 오류가 많은 아이일수록 어림셈을 길러 스스로 수정할 수 있도록 도와주어야 한다.

3. 뺄셈 전략을 익혀라.

뺄셈 전략은 연산의 유창성을 기르는 데 핵심 요소이다. 아이들이 어떤 전략들이 있는지 외우는 것이 아니라 구체물을 이용한 조작 활동을 통해 자연스럽게 익힐 수 있도록 해야 한다.

2×0=2(?)
곱셈 제대로 알기

✓ 체크포인트 1.
곱셈의 의미를 설명할 수 있는가?

✓ 체크포인트 2.
곱셈 구구의 원리를 설명할 수 있는가?

✓ 체크포인트 3.
곱셈식을 구체물이나 그림으로 설명할 수 있는가?

01
노래로만 외웠어요

노래로만 외우면 곱셈을 이해하지 못해요.

$$7×6 = 7×5 + \square$$

선생님: "□ 안에 들어갈 수는 무엇일까요?"

학생1: "어, 안 배운 건데…."

학생2: "칠 일은 칠, 칠 이 십사, 칠 삼 이십일… 어, 뭐지? 다시 해야겠다. 칠 일은 칠, 칠 이 십사, 칠 삼 이십일…."

학생3: "어, 7입니다."

위와 같이 문제를 제시했을 때 아이들은 무엇을 떠올렸을까? 아이들은 대부분 곱셈 구구 노래를 떠올렸을 것이다. 노래를 외우며 곱셈 구구를 배웠기 때문이다.

그런데 노래를 외울 때 곱셈을 할 준비가 되어 있는지, 곱셈의 의미와 원리를 이해하고 외웠는지 확인할 필요가 있다. 확인하는 방법은 간단하다. 위와 같이 문제를 제시했을 때 "칠 일은 칠, 칠 이 십사…"라고 말하는 아이들은 곱셈 구구의 원리나 의미를 모르는 경우가 많다.

어떤 아이들은 보자마자 "7이요."라고 말하기도 한다. 이 아이들은 곱셈 구구의 원리나 의미를 이해한 채 곱셈 구구를 배웠기 때문에 바로 답할 수 있는 것이다.

곱셈 구구 노래보다 더 중요한 것은 곱셈의 의미와 원리를 이해하는 것이다. 그리고 **덧셈적 사고에서 벗어나 곱셈적 사고**를 하는 것이다.

예를 들어, 사탕 2개씩 담을 수 있는 상자 3개가 있다고 하자. 여기서 상자에 담을 수 있는 사탕은 모두 6개이므로, '2 × 3 = 6'의 상황이다.

한 상자에 들어 있는 사탕 2개를 '1 + 1'로 생각해서 3상자에 들어 있는 사탕의 수는 '1 + 1 + 1 + 1 + 1 + 1 = 6'개로 구하는 것은 덧셈적 사고이다.

한 상자에 들어 있는 사탕 2개를 1묶음으로 생각해서 이 묶음이 3개 있으므로 2개씩 3묶음으로 구하는 것이 곱셈적 사고이다.

덧셈적 사고	곱셈적 사고

다양하게 묶기

- 영역: 곱셈-묶어 세기
- 인원: 2~4명
- 준비물: 짝수 카드, 바둑돌 또는 연결큐브
- 활동 방법
  1. 모든 카드를 가운데에 뒤집어 놓는다.
  2. 한 명이 카드 한 장을 뽑는다.
  3. 카드에 나온 수를 바둑돌(또는 연결큐브)로 나타낸다.
  4. 여러 가지 방법으로 세어 본다.

- 바둑돌(또는 연결큐브)을 셀 때 자유롭게 탐색할 수 있게 한다.

곱셈짝 찾기

- 영역: 곱셈-곱셈 의미
- 인원: 2~4명
- 준비물: 곱셈 개념 카드(몇씩 몇 묶음 카드, 몇의 몇 배 카드, 곱셈식 카드, 그림 카드)
- 활동 방법
  1. 곱셈 개념 카드를 섞는다.
  2. 섞은 카드를 앞이 보이지 않게 뒤집어 놓는다.
  3. 한 명씩 한 번에 카드를 두 장씩 뒤집는다.
  4. 뒤집은 카드 두 장의 의미가 같다면 설명한 후 카드를 가져간다.
  5. 바닥에 카드가 없을 때까지 반복한 후, 카드를 가장 많이 가져간 사람이 이긴다.

- 카드를 가져갈 때는 두 카드의 의미가 같은 이유를 반드시 설명하게 한다.

크기 비교하기

- 영역: 곱셈-곱셈 의미
- 인원: 2~4명
- 준비물: 넓이모델 카드
- 활동 방법
  1. 먼저 넓이모델 카드를 나누어 갖는다.
  2. 하나, 둘, 셋을 외치면 가지고 있는 카드 중에서 한 장을 내려 놓는다.
  3. 각자 내려놓은 카드의 넓이모델을 보고 알맞은 곱셈식과 답을 말한다.
  4. 카드를 뒤집어 □ 안에 들어갈 값을 확인한 후 값이 더 큰 카드를 낸 사람이 값이 작은 카드를 가져온다.
  5. 카드를 많이 가져온 사람이 이긴다.

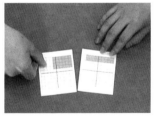 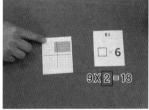

- 넓이가 나타내는 곱셈식을 파악하게 한다.

02
왜 '3 곱하기 4는 12'인지 몰라요

곱셈 구구의 원리를 모르면 곱셈을 이해하지 못해요.

선생님: "2 곱하기 3은 얼마일까요?"
학생1: "이삼은 육이에요."
선생님: "2 곱하기 3이 왜 6이 되는지 그림으로 설명해 볼까요?"
학생1: "그림이요? 그림으로 어떻게 설명해요?"

곱셈 구구 노래를 다 외웠던 아이, 곱셈 구구식을 말하면 답을 바로 말했던 아이. 우리 반에서 곱셈 구구를 제일 잘하는 아이라고 생각했었다. 이 질문을 하기 전까지는… 우연히 연결큐브를 가지고 노는 모습을 보고 "2 곱하기 3을 연결큐브로 표현해 볼까?"라고 물어보았다. 그랬더니 연결큐브를 가지고 책상으로 가서 자신 있게 무언가를 만들기 시작하였다. 당연히 2씩 3묶음을 만들었을 거라 생각하고 다가갔는데….

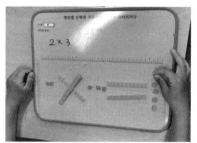

　해맑게 웃음 지으며 "어때요? 잘했죠?"라고 말하는 아이를 보고 겉으로는 칭찬을 했지만, 속으로는 마음이 무너지고 말았다. 옆에 있는 아이는 수 모형으로 했다며 보여 주는데 두 아이 모두 '2 × 3'의 의미를 표현한 것이 아니라 곱셈 구구를 외워서 값이 6이라는 것을 알고 '2 × 3 = 6'을 있는 그대로 연결큐브나 수 모형으로 옮겨 놓은 것에 불과했다.

　곱셈 구구 노래보다는 먼저 곱셈 개념에 대한 이해가 우선되어야 한다. 곱셈 개념에 대한 이해를 어떻게 확인할 수 있을까?

　한 아이에게 "3 곱하기 4는 얼마일까요?"라고 물었다. 돌아온 대답은 "12입니다."였다. 왜 이렇게 쉬운 것을 물어보느냐는 듯이 씩씩하게 대답하였다.

　한 번 더 물어보았다. "왜 12일까?"

　갑자기 정적이 흘렀다. 씩씩하게 대답했던 아이가 당황한 듯 보이더니 "삼 사 십이니깐요."라고 대답하였다.

　12라고 대답을 했다면 이 아이는 '3 × 4'의 의미를 제대로 이해한 걸까? 그것은 알 수 없다. 그래서 한 번 더 물어보았다. "3 곱하기 4가 왜 12인지 그림으로 나타내 볼까요?"

아이가 위와 같이 그림으로 나타내었다. 그렇다면 이 아이는 '3 × 4'의 의미를 제대로 이해한 걸까?

위 그림에서는 '3 × 4 = 12'를 이해하고 있는지 이해하지 못했는지 판단할 수 없다. 추가 발문이 필요하다.

"왜 이 그림이 3 × 4 = 12를 의미하는지 설명해 볼까요?"

아이가 위와 같이 그림을 묶으면서 "이렇게 3씩 4묶음으로 묶으면 12개가 되기 때문입니다."라고 설명했다.

3씩 4묶음이라는 곱셈의 개념을 이해한 후 '12'라고 답한 것이므로 이때 비로소 '3 × 4 = 12'를 이해했다고 판단할 수 있는 것이다.

곱셈 구구 땅따먹기

- 영역: 곱셈-곱셈 의미
- 인원: 2명
- 준비물: 십면체 주사위 2개, 놀이판 1개
- 활동 방법
  1. 먼저 한 명이 십면체 주사위 2개를 던진다.
  2. 던져서 나온 수로 곱셈 구구를 완성하여 말하고 놀이판에 곱셈 구구에 맞게 영역을 표시한다.
  3. 다음 사람이 위와 같은 방법으로 곱셈 구구를 완성하여 말하고 놀이판에 영역을 표시한다.
  4. 정해진 시간 동안 더 많은 영역을 차지한 사람이 이긴다.

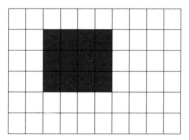 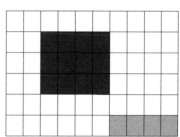

- 놀이판은 배열 모델을 사용한다.

곱셈 구구 종이컵 놀이

- 영역: 곱셈-곱셈 의미
- 인원: 1~4명
- 준비물: 종이컵, 보드판, 마커

- 활동 방법

  1. 몇의 단 곱셈 구구를 할지 정한다.
  2. 먼저 한 명이 해당 곱셈 구구의 첫 번째 식을 말한 후 곱셈값 만큼 종이컵을 가운데로 옮긴다. 해당되는 곱셈식을 보드판에 쓴다.
  3. 다음 사람은 이어질 곱셈 구구를 말하고, 곱셈 구구에 해당하는 만큼 종이컵을 가운데로 옮겨 놓은 후 결과를 보드판에 쓴다.
  4. 번갈아 가면서 곱셈 구구에 어울리는 만큼 종이컵을 옮겨 놓으며 해당 곱셈 구구를 완성한다.

  예) '2×1'만큼 종이컵을 꺼낸 후 값을 말하며 가운데에 놓는다. 다음 친구는 '2×2'를 만들기 위해 몇 개의 종이컵을 꺼내야 할지 생각한 후 종이컵을 가운데 옮기며 '2×2'의 값을 말한다.

- 종이컵을 가운데로 옮겨 놓은 후 각자 보드판에 완성된 곱셈 구구를 쓰게 한다.

 **곱셈 구구 짝 찾기**

- 영역: 곱셈-곱셈 구구
- 인원: 2~4명
- 준비물: 곱셈식 카드, 곱셈값 카드
- 활동 방법
  1. 곱셈값 카드는 모두 뒤집어서 한곳에 모아 놓고 곱셈식 카드는 펼쳐 놓는다.
  2. 가위바위보를 하여 순서를 정한 후 이긴 사람이 곱셈값 카드 한 장을 모두가 보이도록 뒤집는다.
  3. 곱셈값에 어울리는 곱셈식 카드를 먼저 찾는 사람이 카드를 가져간다.
  4. 카드를 많이 가져간 사람이 이긴다.

- 곱셈식 카드를 모두 뒤집고 곱셈값 카드를 모두 펼쳐 놓아도 된다.
- 만약 8의 단을 익히고 싶다면 곱셈 구구 카드를 8의 단으로 만들면 된다.

03
곱셈! 처방전!

곱셈을 어려워하는 아이들은 곱셈에 대한 이해가 부족한 경우가 많다. 곱셈 구구를 다 외웠더라도 곱셈을 할 준비가 되어 있는지, 곱셈의 의미를 어디까지 알고 있는지 확인하는 과정은 매우 중요하다.

곱셈의 개념을 지도할 때, **곱셈 모델은 곱셈의 의미를 직관적이고 시각적으로 제시하면서 동시에 다양한 곱셈 전략을 설명하는 데 효과적**으로 활용될 수 있다.

 하나, 곱셈 모델을 사용하라

곱셈 모델에는 묶음 모델, 직선 모델, 배열 모델, 조합 모델 등이 있다.

① 묶음 모델

묶음 모델은 교과서에서 가장 많이 사용되는 모델로 여러 사물을 몇 개씩 몇 묶음으로 만드는 것이다. 묶음 모델은 단위량과 묶음의 크기, 묶음의 수, 전체 양과의 상호 관계를 보여 주는 데 적합하다.

따라서 곱셈에서 배의 개념과 동수누가를 연결해서 지도하는 데 적합한 모델이다. 실생활 상황에서 묶음은 다양하게 나타나는데 몇 묶음, 몇 봉지, 몇 상자, 몇 학급 등에서 묶음의 표현을 볼 수 있다.

이러한 묶음 모델은 곱셈을 도입할 때 많이 사용한다. 2학년 1학기 6단원에서도 '몇씩 몇 묶음'을 통해 곱셈 개념을 도입하고 있다.

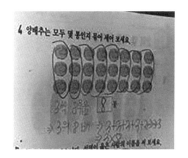

② 직선 모델

직선 모델은 반직선 형태를 일정한 간격으로 나눈 다음 호를 이용하여 일정한 간격의 크기를 도식화하여 나타낸 것이다.

이런 모델은 수 막대, 구슬 줄, 띠, 수직선, 이중 수직선 등 다양한 형태로 제시될 수 있고 길이가 4인 막대 세 개의 전체 길이, 4만큼씩 점프할 때 간 거리 등 다양한 상황으로 제시될 수 있다.

직선 모델은 이산량이나 연속량을 모두 표현할 수 있으며, 똑같은 묶음이나 곱셈적 비교 상황을 나타내는 데 적절하다. 또한 이 모델은 분배법칙을 지도할 때에도 사용할 수 있다. 예를 들어 길이가 4인 수 막대 3개를 이어 붙인 전체 막대의 길이를 구하거나 수직선 위에서 2씩 5번 뛰었을 때 모두 몇인지 구하는 것과 같이 다양한 상황에서 제시될 수 있다.

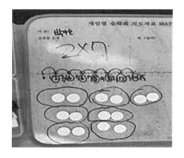

③ 배열 모델

배열 모델은 여러 사물을 가로 방향과 세로 방향으로 일정하게 배열하여 전체적으로 직사각형 모양을 이루도록 한 것이다. 이 모델은 물건이 'm×n'의 형태로 배열된 상황이나 직사각형의 격자 모양, 가로줄과 세로줄이 만나는 점들의 배열 등 다양하게 제시될 수 있다.

이는 똑같은 묶음 상황, 곱셈적 비교 상황, 직사각형 넓이와 배열 상황을 나타내는 데 적절하다. 배열 모델은 곱셈의 교환법칙이나 분배법칙을 지도하는 데에도 효과적이다.

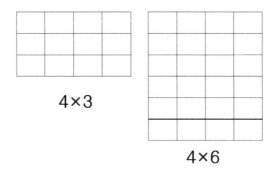

4×3

4×6

④ 조합 모델

조합 모델은 두 개 이상의 집합 사이에 만들 수 있는 가능한 순서쌍을 알아보는 데 사용하는 모델이다. 이런 모델은 수형도나 경로 모델과 같은 형태로 제시될 수 있다.

예를 들어 빵이 3종류, 음료수가 4종류 있을 때, 빵과 음료수를 각각 1개씩 살 수 있는 방법의 수는 모두 12가지이다.

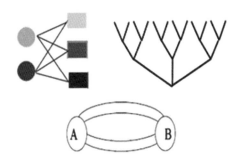

 ## 둘, 곱셈 전략을 사용하라

아이들에게 필산 알고리즘을 강조하기 전에 다양한 전략을 통해서 곱셈을 다양하게 풀 수 있도록 도와주는 것이 중요하다.

전략을 알려 줄 때는 아이들에게 "뭐 곱하기 뭐가 얼마야?"라고 했을 때 아이가 이 전략 중에서 **어떠한 전략을 사용하고 있는지를 관찰하는 것이 필요**하다.

아예 손도 못 대는 아이들이라면 같은 수 더하기 전략부터 제시해야 한다. 하지만 너무 큰 수의 곱셈 '7 × 7' 같은 경우에는 같은 수 더하기 전략보단 다른 전략이 유용할 수 있다.

이처럼 문제에 따라, 아이의 발달 능력에 따라 어떠한 전략을 사용하는지가 달라진다.

① 같은 수 더하기 전략

같은 수 더하기 전략은 동수누가라고도 한다. 곱셈의 효과를 덧셈을 통해서 알려 주는 방법이다. 예를 들어 '4 × 3'을 '4 + 4 + 4 = 12' 이렇게 나타낼 수 있는 전략이다.

아직 곱셈에 대한 개념이 부족하고 낯선 학생들에게는 이 방법이 효과적일 수 있다.

② 뛰어 세기 전략

뛰어 세기 전략은 수직선이나 100 수 배열판에 수를 표현해 나가면서 실시하는 것이 좋다.

아이에게 수 배열판을 주고 "직접 뛰어 세어 볼까?" 하면 어떨 때는 4를 뛰어 세고, 어떨 때는 3을 뛰어 세고, 이렇게 뛰어 세기의 간격이 일정하지 않던 아이들도 수직선이나 100 수 배열판이라는 보조 자료가 있으므로 조금 더 뛰어 세기를 잘할 수 있게 된다.

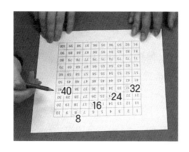

③ 갈라서 곱하기 전략

갈라서 곱하기 전략은 7단이나 8단에 활용하면 좋다. "7 × 7이 뭐지?"라고 했을 때 대부분의 아이들이 "어, 7 × 1 = 7, 7 × 2 = 14" 이렇게 처음부터 하는 경우가 있다. 이때 아이들이 쉬워하는 5단을 이용하는 것이다. "그러면 7 × 5는 뭐였어?", "7 × 5 = 35예요.", "그럼 7 × 5 = 35에서 얼마큼 더 가면 될까?"

이렇게 아이들이 어려워하는 '7 × 7' 같은 곱셈을 '7 × 5'와 '7 × 2'로 갈라서 생각할 수 있게 도와주는 방법이다. 이 방법을 이용하면 아이들이 어려워하는 7단이나 8단을 지도할 때 유용하게 사용할 수 있다.

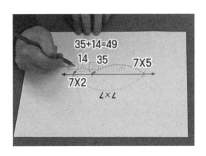

④ 쉬운 곱셈 만들기 전략

곱셈 구구의 단계를 넘어서 '19 × 8' 이렇게 십몇과 몇을 곱해야 하는 상황을 만날 때 아이들에게 '19 × 8'을 물어보면 대부분의 아이들이 세로셈으로 바꿔서 '9 × 8'부터 계산을 할 것이다.

하지만 이때 직사각형 그림을 제시해서 "조금 더 쉽게 하려면 어떻게 할 수 있을까? '20 × 8'에서 '1 × 8'만큼만 빼 주면 더 쉽게 곱셈을 구할 수 있어."라면서 쉬운 곱셈을 만들고 이를 활용하여 조금 더 어렵게 느껴지는 곱셈을 쉽게 바꿔서 하는 전략을 사용할 수 있다.

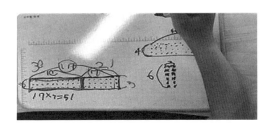

세환샘's
Tip

1. 곱셈의 의미를 연계시켜라.

「2학년 1학기 6단원 곱셈」에서는 차시별로 여러 가지 세기, 묶어 세기, 몇씩 몇 묶음, 몇의 몇 배, 곱셈식 등으로 구성되어 있다. 차시별로 제시된 각각의 개념이 서로 연계되어 있다는 것을 강조하여 곱셈적 사고를 할 수 있도록 도와주어야 한다.

2. 그림 또는 교구로 표현하라.

곱셈의 완성은 곱셈 구구 노래가 아니다. '2 × 3'이 왜 '6'이 되는지 그림 또는 교구로 표현하게 하여 곱셈의 의미를 정확하게 이해하고 있는지 확인해야 한다.

3. 곱셈 전략을 익혀라.

아이들 수준에 맞는 적절한 곱셈 전략을 익힐 수 있도록 다양한 곱셈 모델을 활용하여 문제를 해결해 나가는 경험을 제공해야 한다.

부록

수해력 기본
진단도구

1학년 1학기 수해력 기본 진단검사지

( )학년 ( )반 ( )번   이름: ( )

1. 자동차의 수를 써 보세요.

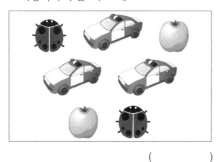

( )

2. 빈칸에는 몇 개의 사과가 있어야 하는지 ○를 그려 보세요.

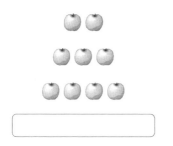

3. ( ) 안의 알맞은 말에 ○표 해 보세요.

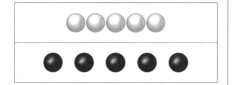

흰 바둑돌과 검은 바둑돌의
개수가 (같다, 다르다)

4. ☐ 안의 사탕의 수를 써 보세요.

( )

( )

5. 개수가 같은 것끼리 선으로 이어 보세요.

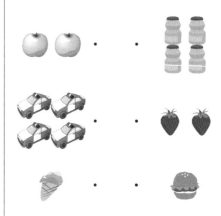

6. 그림을 보고 몇 개인지 수를 써 보세요.

( )

( )

190

7. 셋째 사과에 ○표 해 보세요.

8. 차례대로 수를 써 보세요.

9. 차례대로 수를 써 보세요.

10. ● 안에 알맞은 수를 써 보세요.

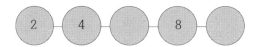

11. ● 안에 알맞은 수를 써 보세요.

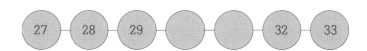

12. [보기]와 같이 빈칸에 알맞게 써 보세요.

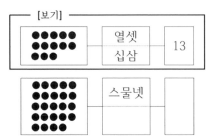

13. 10개씩 묶고 빈칸에 알맞은 수를 써 보세요.

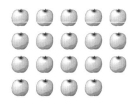

10개씩 ( ) 묶음

낱개 ( ) 개

14. 수 모형이 나타내는 수를 써 보세요.

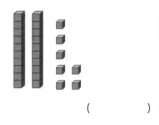

( )

15. 다음을 수로 써 보세요.

삼십칠

( )

16. 모으기를 해 보세요.

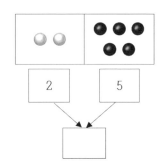

17. 모으기를 해 보세요.

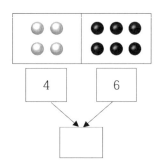

18. 모으기를 해 보세요.

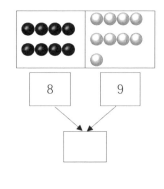

19. 그림을 보고 덧셈식을 써 보세요.

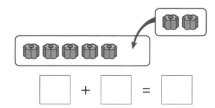

$\boxed{}$ + $\boxed{}$ = $\boxed{}$

20. 그림을 보고 덧셈식을 써 보세요.

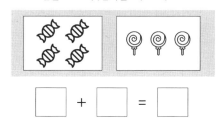

$\boxed{}$ + $\boxed{}$ = $\boxed{}$

21. 가르기를 해 보세요.

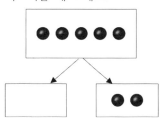

22. 9를 두 수로 가르기를 해 보세요.

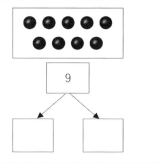

23. 그림을 보고 뺄셈식을 써 보세요.

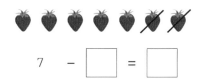

7 - $\boxed{}$ = $\boxed{}$

24. 그림을 보고 뺄셈식을 써 보세요.

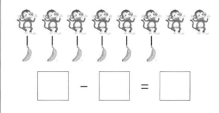

$\boxed{}$ - $\boxed{}$ = $\boxed{}$

25. 가르기를 해 보세요.

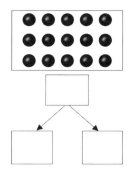

1학년 1학기 수해력 기본 진단도구 목표반응 기준안

번호	영역	구성요소	목표반응	비고	단원	성취기준
1	수감각	분류하기	3		1-1-1. 9까지의 수	2019 개정 누리과정 <자연탐구> 물체를 세어 수량을 알아본다. 물체의 위치와 방향, 모양을 알고 구별한다. 주변에서 반복되는 규칙을 찾는다. 일상에서 모은 자료를 기준에 따라 분류한다.
2		규칙성	○ ○ ○ ○ ○			
3		보존성	같다			
4		묶음인식	3, 4			
5		비교	✕			
6	수세기	기수	7 , 9	모두 맞아야 정답	1-1-5. 50까지의 수	[2수01-01] 0과 100까지의 수 개념을 이해하고, 수를 세고 읽고 쓸 수 있다.
7		서수	⊙ ⊙ ⊙ ⊙ ⊙			
8		앞으로 세기	3, 5, 6, 7, 9	모두 맞아야 정답		
9		기꾸로 세기	7, 6, 5, 4, 2, 1	모두 맞아야 정답		
10		뛰어 세기	6, 10	모두 맞아야 정답		
11		1~50까지 수 표현	30, 31	모두 맞아야 정답		
12		1~50까지 수 표현	이십사, 24	모두 맞아야 정답		
13	자릿값	위치적 기수법	1묶음, 9개	모두 맞아야 정답		
14		자릿값	27 또는 이십칠 또는 스물일곱	셋 다 정답		
15		두 자리 수 쓰기	37			
16	덧셈	9까지의 수 모으기	7		1-1-3. 덧셈과 뺄셈	[2수01-04] 하나의 수를 두 수로 분해하고 두 수를 하나의 수로 합성하는 활동을 통하여 수 감각을 기른다. [2수01-05] 덧셈과 뺄셈이 이루어지는 실생활 상황을 통하여 덧셈과 뺄셈의 의미를 이해한다.
17		10 모으기	10			
18		19까지의 수 모으기	17			
19		합이 9 이하인 한 자리 수 덧셈	5, 2, 7	모두 맞아야 정답		
20		합이 9 이하인 한 자리 수 덧셈	4, 3, 7	모두 맞아야 정답		
21	뺄셈	9 이하의 두 수 가르기	○ ○ ○	'3'도 인정		
22		9 이하의 두 수 가르기	1. 8(8, 1) 2. 7(7, 2) 3. 6(6, 3) 4. 5(5, 4)	넷 다 정답 숫자만 인정		
23		한 자리 수의 뺄셈	2, 5	모두 맞아야 정답		
24		한 자리 수의 뺄셈	8, 6, 2	모두 맞아야 정답		
25		두 수 가르기	15, 1, 14 등 가르기가 맞으면 인정	숫자만 인정		

1학년 2학기 수해력 기본 진단검사지

( )학년 ( )반 ( )번   이름: ( )

1. 꿀벌의 수를 써 보세요.

( )

2. 빈칸에 들어갈 ●를 그려 보세요.

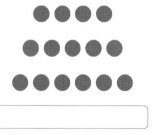

3. ( )안의 알맞은 말에 ○표 해 보세요.

흰 바둑돌과 검은 바둑돌의
개수가 (같다, 다르다)

4. ▢ 안의 사탕의 수를 빈칸에 써 보세요.

( )

( )

5. 개수가 같은 것끼리 선으로 이어 보세요.

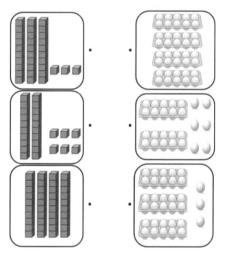

6. 사과의 수를 써 보세요.

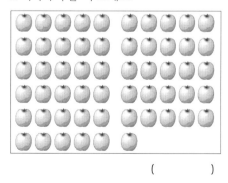

( )

7. 가장 큰 수에 ○표 해 보세요.

84   92   68

8. 빈칸에 알맞은 수를 써 보세요.

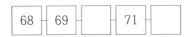

9. 빈칸에 알맞은 수를 써 보세요.

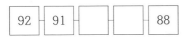

10. 빈칸에 알맞은 수를 써 보세요.

11. 다음 수를 바르게 읽은 것에 ○표 해 보세요.

80

(팔, 팔영, 팔십)

12. 빈칸에 알맞은 수를 써 보세요.

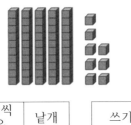

10개씩 묶음	낱개	➡	쓰기

13. 수 모형이 나타내는 수를 써 보세요.

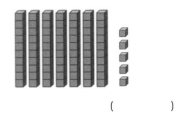

(　　　　　)

14. 다음 수를 바르게 읽은 것에 ○표 해 보세요.

66

(육육, 육십, 육십육)

15. 다음을 수로 써 보세요.

칠십삼

(　　　　　)

16. 풍선은 모두 몇 개인지 덧셈식을 써 보세요.

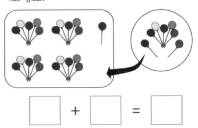

□ + □ = □

17. 수 모형을 보고 덧셈식을 써 보세요.

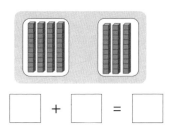

☐ + ☐ = ☐

18. ■는 모두 몇 개인지 빈칸에 써 보세요.

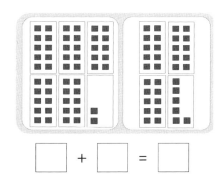

☐ + ☐ = ☐

19. 합이 13이 되는 두 수에 ○표 하세요.

7   8   5

20. 남은 지우개는 몇 개인지 뺄셈식으로 써 보세요

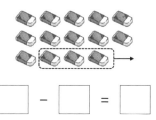

☐ − ☐ = ☐

21. 남은 구슬은 몇 개인지 뺄셈식으로 써 보세요.

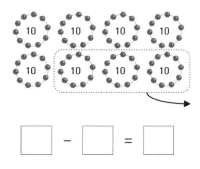

☐ − ☐ = ☐

22. 남은 달걀은 몇 개인지 뺄셈식으로 써 보세요.

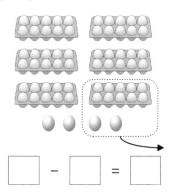

☐ − ☐ = ☐

23. 빈칸에 알맞은 수를 써 보세요.

야구 방망이가 야구공 보다

☐ 개 더 많습니다.

25. 그림을 보고 빈칸에 알맞은 수를 써 보세요.

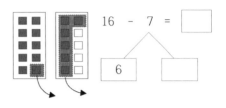

$$16 - 7 = \boxed{}$$

6 ☐

24. 빈칸에 알맞은 수를 써 보세요.

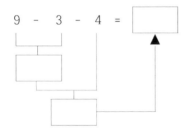

$$9 - 3 - 4 = \boxed{}$$

198

1학년 2학기 수해력 기본 진단도구 목표반응 기준안

번호	영역	구성요소	목표반응	비고	단원	성취기준
1	수감각	분류하기	4		1-1-1. 9까지의 수	2019 개정 누리과정 <자연탐구> 물체를 세어 수량을 알아본다. 물체의 위치와 방향. 모양을 알고 구별한다. 주변에서 반복되는 규칙을 찾는다. 일상에서 모은 자료를 기준에 따라 분류한다.
2		규칙성	○○○○○○○			
3		보존성	같다			
4		묶음인식	3 , 5			
5		비교	✕			
6	수세기	기수	56		1-2-1. 100까지의 수	[2수01-01] 0과 100까지의 수 개념을 이해하고, 수를 세고 읽고 쓸 수 있다.
7		수의 크기 비교	92			
8		앞으로 세기	70. 72	모두 맞아야 정답		
9		거꾸로 세기	90. 89	모두 맞아야 정답		
10		뛰어 세기	70. 90	모두 맞아야 정답		
11	자릿값	100 이하의 수 표현	팔십			
12		위치적 기수법	5. 8. 58	모두 맞아야 정답		
13		자릿값	75			
14		두 자리 수 읽기	육십육			
15		두 자리 수 쓰기	73			
16	덧셈	받아올림이 없는 몇십몇 + 몇	21. 7. 28	모두 맞아야 정답	1-2-2. 덧셈과 뺄셈(1)	[2수01-05] 덧셈과 뺄셈이 이루어지는 실생활 상황을 통하여 덧셈과 뺄셈의 의미를 이해한다. [2수01-06] 두 자리 수의 범위에서 덧셈과 뺄셈의 계산 원리를 이해하고 그 계산을 할 수 있다.
17		받아올림이 없는 몇십 + 몇십	40. 30. 70	모두 맞아야 정답		
18		받아올림이 없는 몇십몇 + 몇십몇	52. 36. 88			
19		받아올림이 있는 한 자리 수의 덧셈	8. 5	모두 맞아야 정답	1-2-6. 덧셈과 뺄셈(3)	
20	뺄셈	받아내림이 없는 (두 자리 수) - (한 자리 수)	14. 3. 11	모두 맞아야 정답	1-2-2. 덧셈과 뺄셈(1)	
21		(몇십) - (몇십)	80. 30. 50	모두 맞아야 정답		
22		받아내림이 없는 (두 자리 수) - (두 자리 수)	64. 12. 52	모두 맞아야 정답		
23		10에서 빼기	4		1-2-4. 덧셈과 뺄셈(2)	
24		세 수의 뺄셈	9 - 3 - 4 = 2 6 2	모두 맞아야 정답		
25		(십몇) - (몇)	16 - 7 = 9 6 1	모두 맞아야 정답	1-2-6. 덧셈과 뺄셈(3)	

2학년 1학기 수해력 기본 진단검사지

( )학년 ( )반 ( )번 이름: ( )

1. 빈칸에 알맞은 수를 써 보세요.

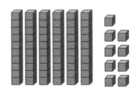

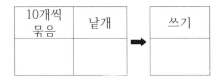

10개씩 묶음	낱개	➡	쓰기

2. 빈칸에 알맞은 수를 쓰고, 읽어 보세요.

90보다 10만큼 더 큰 수를

이라고 쓰고

이라고 읽습니다.

3. 밑줄 친 숫자는 얼마를 나타내는지 써 보세요.

<u>2</u>35   (   )

4. 다음 수를 바르게 읽은 것에 ○표 해 보세요.

542

(오사이, 오백사십이, 오십사십이)

5. 다음을 수로 써 보세요.

육백칠

(   )

6. 빈칸에 알맞은 수를 써 보세요.

[ ] 500 600 700 [ ]

7. 빈칸에 알맞은 수를 써 보세요.

770 [ ] 790 800 [ ]

8. 빈칸에 알맞은 수를 써 보세요.

198 199 [ ] 201 [ ]

9. 수 모형을 보고 덧셈식을 써 보세요.

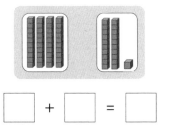

[ ] + [ ] = [ ]

10. 그림을 보고 덧셈식을 써 보세요.

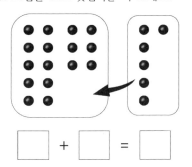

$$\boxed{} + \boxed{} = \boxed{}$$

11. 수 모형이 모두 몇 개인지 써 보세요.

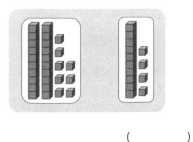

(   )

12. 수직선을 보고 빈칸에 알맞은 수를 써 보세요.

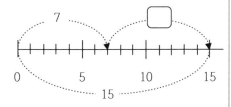

$$7 + \boxed{} = 15$$

13. 덧셈식을 뺄셈식으로 나타내어 보세요.

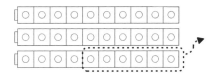

$$12 + 5 = 17$$

14. 빈칸에 알맞은 수를 써 보세요.

$$65 - 34 = \boxed{}$$

15. 그림을 보고 뺄셈식을 써 보세요.

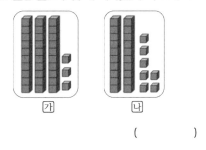

$$30 - \boxed{} = \boxed{}$$

16. 가는 나보다 몇 개 더 많은지 써 보세요

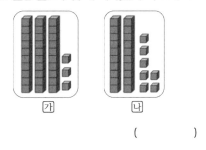

(   )

17. 다음을 계산해 보세요.

$$\begin{array}{r} 8\ 2 \\ -\ 4\ 6 \\ \hline \end{array}$$

18. 빈칸에 알맞은 수를 써 보세요.

$$19 - \boxed{} = 8$$

19. 세 수의 계산을 해 보세요.

$$22 + 15 - 9 = \boxed{}$$

20. 뺄셈식을 덧셈식으로 나타내어 보세요.

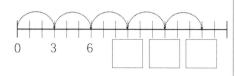

21. 3씩 뛰어서 세었습니다. 빈칸에 알맞은 수를 써 보세요.

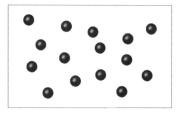

22. ●을 <u>5씩</u> 모두 묶어 보고, 몇씩 몇 묶음인지 써 보세요.

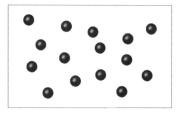

(   )씩 (   )묶음

23. 그림을 보고 빈칸에 알맞은 수를 써 보세요.

딸기의 수는 바나나 수의

$\boxed{}$ 배입니다.

24. 그림과 같이 묶었을 때, 옳은 표현에 모두 ○표 해 보세요.

① 4씩 2묶음   (   )

② 4 + 2   (   )

③ 2의 4배   (   )

④ 4 × 2   (   )

25. 빈칸에 알맞은 수를 써 보세요.

$$2 + 2 + 2 + 2 + 2$$

$$\Rightarrow 2 \times \boxed{}$$

2학년 1학기 수해력 기본 진단도구 목표반응 기준안

번호	영역	구성요소	목표반응	비고	단원	성취기준
1	자릿값	위치적 기수법	6, 9, 69	모두 맞아야 정답	1-2-1. 100까지의 수	[2수01-01] 0과 100까지의 수 개념을 이해하고, 수를 세고 읽고 쓸 수 있다.
2		자릿값	100, 백	모두 맞아야 정답	2-1-1. 세 자리 수	
3		위치적 기수법	200 또는 이백	둘 다 정답		
4		세 자리 수 읽기	오백사십이			[2수01-02] 세 자리 수의 범위에서 수의 계열을 이해하고, 수의 크기를 비교할 수 있다.
5		세 자리 수 쓰기	607			
6		뛰어 세기	400, 800	모두 맞아야 정답		
7		뛰어 세기	780, 810	모두 맞아야 정답		
8		뛰어 세기	200, 202	모두 맞아야 정답		
9	덧셈	받아올림이 없는 몇십몇 + 몇십몇	40, 21, 61	모두 맞아야 정답	1-2-2. 덧셈과 뺄셈(1)	[2수01-05] 덧셈과 뺄셈이 이루어지는 실생활 상황을 통하여 덧셈과 뺄셈의 의미를 이해한다.
10		받아올림이 있는 두 자리 수 + 한 자리 수	16, 6, 22	모두 맞아야 정답	2-1-3. 덧셈과 뺄셈	
11		받아올림이 있는 두 자리 수 + 두 자리 수	42			[2수01-06] 두 자리 수의 범위에서 덧셈과 뺄셈의 원리를 이해하고 그 계산을 할 수 있다.
12		□가 사용된 덧셈식	8, 8	모두 맞아야 정답		
13		덧셈과 뺄셈의 관계	12, 5, 17, 5, 12 또는 5, 12, 17, 12, 5	모두 맞아야 정답		
14	뺄셈	받아올림이 없는 몇십몇 - 몇십몇	31		1-2-2. 덧셈과 뺄셈(1)	[2수01-07] 덧셈과 뺄셈의 관계를 이해한다.
15		받아내림이 있는 두 자리 수 뺄셈	6, 24	모두 맞아야 정답		[2수01-08] 두 자리 수의 범위에서 세 수의 덧셈과 뺄셈을 할 수 있다.
16		받아내림이 있는 두 자리 수 뺄셈	6	.	2-1-3. 덧셈과 뺄셈	
17		받아내림이 있는 두 자리 수 뺄셈	36			
18		□가 사용된 뺄셈식	11			[2수01-09] □가 사용된 덧셈식과 뺄셈식을 만들고, □의 값을 구할 수 있다.
19		세 수의 뺄셈	28			
20		덧셈과 뺄셈의 관계	8, 5 또는 5, 8	모두 맞아야 정답		
21	곱셈	뛰어 세기	9, 12, 15	모두 맞아야 정답	2-1-6. 곱셈	[2수01-10] 곱셈이 이루어지는 실생활 상황을 통하여 곱셈의 의미를 이해한다.
22		묶어 세기	 (5)씩 (3)묶음	※ 이외에도 5씩 3묶음으로 나타내면 정답으로 인정		
23		곱셈 의미	4			
24		곱셈 의미	①, ④			
25		동수누가	5			

2학년 2학기 수해력 기본 진단검사지

( )학년 ( )반 ( )번 이름: ( )

1. 빈칸에 알맞은 수를 쓰고, 읽어 보세요.

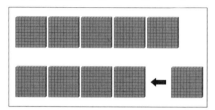

900보다 100만큼 더 큰 수를

[ ] 이라고 쓰고

[ ] 이라고 읽습니다.

2. 밑줄 친 숫자는 얼마를 나타내는지 써 보세요.

2436   (   )

3. 다음 수를 바르게 읽어 보세요.

5197   읽기 (   )

4. 다음을 수로 써 보세요.

팔천백오

(   )

5. 빈칸에 알맞은 수를 써 보세요.

| 5000 | | 7000 | 8000 | |

6. 빈칸에 알맞은 수를 써 보세요.

| 9200 | 9300 | | 9500 |

7. 빈칸에 알맞은 수를 써 보세요.

| 9950 | | 9970 | 9980 | |

8. 빈칸에 알맞은 수를 써 보세요.

| | 9996 | 9997 | 9998 | |

9. 그림을 보고 덧셈식을 써 보세요.

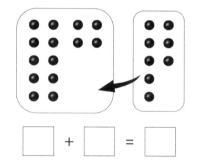

[ ] + [ ] = [ ]

10. 다음을 계산해 보세요.

$$28 + 14 = \boxed{}$$

11. 그림을 보고 뺄셈식을 써 보세요.

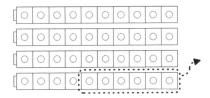

$$40 - \boxed{} = \boxed{}$$

12. 다음을 계산해 보세요.

$$
\begin{array}{r}
7\ \ 3 \\
-\ \ 4\ \ 8 \\
\hline
\end{array}
$$

13. 뺄셈식을 덧셈식으로 나타내어 보세요.

$$15 - 7 = 8 \implies \boxed{} + \boxed{} = 15$$

14. 그림을 보고 곱셈식을 써 보세요.

$$4 \times \boxed{} = \boxed{}$$

15. 3×2를 [보기]와 같이 나타내어 보세요.

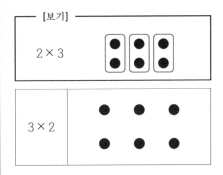

16. 빈칸에 알맞은 수를 써 보세요.

$$5 \times 1 \implies 5$$

$$5 \times 2 \implies 5 + 5$$

$$5 \times 3 \implies 5 + 5 + \boxed{}$$

17. 그림을 보고 빈칸에 알맞은 수를 써 보세요.

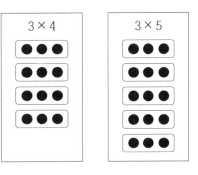

3×5 는 3×4 보다

$\boxed{}$ 만큼 더 큽니다.

18. 그림을 보고 곱셈식을 써 보세요.

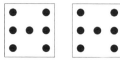

$\boxed{} \times \boxed{} = \boxed{}$

19. 빈칸에 알맞은 수를 써 보세요.

$6 \times 2 = \boxed{}$

$6 \times 5 = \boxed{}$

$6 \times \boxed{} = 48$

$6 \times 9 = \boxed{}$

20. 빈칸에 알맞은 수를 써 보세요.

$8 \times 1 = 8$

$8 \times 2 = 16$

$8 \times 3 = 24$

$8 \times 4 = 32$

$+ \boxed{}$

$+ \boxed{}$

$+ \boxed{}$

21. 빈칸에 알맞은 수를 써 보세요.

$1 \times 4 = \boxed{}$

$6 \times \boxed{} = 6$

22. 곱셈표의 빈칸을 완성하세요.

×	1	3	5	7	9
1	1	3	5	7	9
3	3	9	15		27
5	5		25	35	45
7	7	21		49	63
9	9	27	45	63	

23. 빈칸에 알맞은 수를 써 보세요.

$\boxed{} \times 2 = 0$

24. 빈칸에 알맞은 수를 써 보세요.

$6 \times 7 = 7 \times \boxed{} = 42$

25. 곱이 같은 것끼리 선으로 이어 보세요.

2×5 ·	· 3×8
4×6 ·	· 5×2
9×8 ·	· 8×9

2학년 2학기 수해력 기본 진단도구 목표반응 기준안

번호	영역	구성요소	목표반응	비고	단원	성취기준
1	자릿값	자릿값	1000, 천	모두 맞아야 정답	2-2-1. 네 자리 수	[2수01-02] 네 자리 이하의 수의 범위에서 수의 계열을 이해하고, 수의 크기를 비교할 수 있다.
2		위치적 기수법	2000 또는 이천	둘 다 정답		
3		네 자리 수 읽기	오천백구십칠			
4		네 자리 수 쓰기	8105			
5		뛰어 세기	6000, 9000	모두 맞아야 정답		
6		뛰어 세기	9400, 9600	모두 맞아야 정답		
7		뛰어 세기	9960, 9990	모두 맞아야 정답		
8		뛰어 세기	9995, 9999	모두 맞아야 정답		
9	덧셈	받아올림이 있는 두 자리 수 + 한 자리 수	14, 8, 22	모두 맞아야 정답	2-1-3. 덧셈과 뺄셈	[2수01-06] 두 자리 수의 범위에서 덧셈과 뺄셈의 원리를 이해하고 그 계산을 할 수 있다. [2수01-07] 덧셈과 뺄셈의 관계를 이해한다.
10		받아올림이 있는 두 자리 수 + 두 자리 수	42			
11	뺄셈	받아내림이 있는 두 자리 수 뺄셈	6, 34	모두 맞아야 정답		
12		받아내림이 있는 두 자리 수 뺄셈	25			
13		덧셈과 뺄셈의 관계	7, 8 또는 8, 7	모두 맞아야 정답		
14	곱셈	묶어 세기	4, 16	모두 맞아야 정답	2-2-2. 곱셈구구	[2수01-11] 곱셈구구를 이해하고, 한 자리 수의 곱셈을 할 수 있다.
15		곱셈구구 원리	● ● ● / ● ● ●	3개씩 2묶음이면 정답		
16		곱셈구구 원리	5			
17		곱셈구구 원리	3, 3×1			
18		곱셈식	7, 3, 21	모두 맞아야 정답		
19		곱셈구구	(위에서부터) 12, 30, 8, 54	모두 맞아야 정답		
20		곱셈구구	8, 8, 8	모두 맞아야 정답		
21		곱셈구구	4, 1	모두 맞아야 정답		
22		곱셈구구	(위에서부터) 21, 15, 35, 81	모두 맞아야 정답		
23		곱셈구구	0			
24		곱셈구구	6			
25		곱셈구구	✕			

수해력 심층
진단도구

수 감각 심층 진단검사지

번호	영역	주제	준비물
1-1	수 감각	분류하기, 규칙성	수 세기 칩 빨간색 2개, 파란색 3개, 노란색 4개, 초록색 10개
활동 목표	* 대상을 분류할 수 있다. * 분류한 대상에서 규칙을 찾을 수 있다.		

교사 발문	기대되는 학생 반응(예시)
① 다음 수 세기 칩 더미에서 빨간색 칩을 2개 가져와서 칸에 놓으세요.	(빨간색 칩 2개를 첫 번째 칸에 놓는다.)
② 다음 수 세기 칩 더미에서 파란색 칩을 3개 가져와서 칸에 놓으세요.	(파란색 칩 3개를 두 번째 칸에 놓는다.)
③ 다음 수 세기 칩 더미에서 노란색 칩을 4개 가져와서 칸에 놓으세요.	(노란색 칩 4개를 세 번째 칸에 놓는다.)
④ 노란색 칩 다음에 초록색 칩을 몇 개 놓아야 할까요? 빈칸에 초록색 칩을 놓으세요.	(초록색 칩 5개를 네 번째 칸에 놓는다.)
⑤ 초록색 칩은 왜 이렇게 놓았나요?	칩의 수가 1개씩 늘어났기 때문입니다.

[진단기준]
* ①~③[분류하기]: 수 세기 칩 더미에서 빨간색, 파란색, 노란색, 초록색을 분류하여 알맞은 수만큼 놓았으면 도달로 진단한다.
* ④~⑤[규칙성]: 초록색 칩을 5개 가져와 놓고 규칙을 설명하면 도달로 진단한다.

[유의사항]
* 초록색 수 세기 칩은 5개 이상이 되도록 준비한다.

수해력 심층 진단 활동지

( )학년 ( )반 ( )번 이름 ( )

활동 순서	학생 활동
① 빨간색 수 세기 칩 놓기	
② 파란색 수 세기 칩 놓기	
③ 노란색 수 세기 칩 놓기	
④ ①~③에 이어 어울리는 수 만큼 초록색 수 세기 칩 놓기	

번호	영역	주제	준비물
1-2	수 감각	보존성, 묶음 인식	바둑돌
활동 목표	|	|	◦간격이 다르더라도 수의 크기는 같다는 점을 알 수 있다. ◦즉각적으로 둘 이상의 수를 묶어서 인식할 수 있다.

교사 발문	기대되는 학생 반응(예시)
①-㉠ 흰 바둑돌이 많은가요? 검은 바둑돌이 많은가요?	같아요.
①-㉡ (아래 검은 바둑돌을 띄운 뒤) 흰 바둑돌이 많은가요? 검은 바둑돌이 많은가요?	같아요.
② 바둑돌은 모두 몇 개입니까? (바둑돌 7개를 준비하여 즉각적으로 제시)	7개입니다.
③ 어떻게 7개를 세었나요?	4개와 3개로 세었습니다. 4와 3이 보여요.

[진단기준]
◦①[보존성]: 검은 바둑돌의 간격을 띄우더라도 흰 바둑돌과 검은 바둑돌의 수가 같다고 이야기하면 도달로 간주한다.
◦②~③[묶음 인식]: 바둑돌 7개를 수를 세지 않고도 한눈에 보이는 만큼 2개씩 묶거나 또는 3개, 4개로 묶어서 세면 도달로 진단한다. 하나씩 세었을 경우는 인정하지 않는다.

[유의사항]
◦①번: 바둑돌을 놓을 때 간격을 다르게 배치한다.
◦②번: 바둑돌을 그림처럼 제시한다.
　　　즉각적으로 묶음을 인식할 수 있는지를 알아보는 문항으로서 바둑돌을 미리 준비하여 학생에게 한 번에 제시할 수 있도록 한다.

번호
1-2

수해력 심층 진단 활동지

( )학년 ( )반 ( )번 이름 ( )

활동 순서	학생 활동
① 수 비교	
② 바둑돌의 수	
③ 한눈에 보이는 만큼 묶기	

번호	영역	주제	준비물
1-3	수 감각	비교	·
활동 목표	◦ 그림을 보고 양을 비교할 수 있다.		

교사 발문	기대되는 학생 반응(예시)
① 다음 그림 중 어떤 모양이 몇 개 더 많습니까?	동그라미 모양이 1개 더 많습니다.
② 다음 그림 중 어떤 모양이 몇 개 더 적습니까?	네모 모양이 2개 더 적습니다.
③ 다음 모양 중 가장 많은 것은 어느 것입니까?	세모 모양이 가장 많습니다.

[진단기준]

◦ 그림을 보고 더 많은 것, 더 적은 것, 가장 많은 것의 모양을 찾으면 도달로 진단한다.

◦ 개수를 대답하지 않아도 많고 적은 모양만 구분할 수 있다면 도달로 간주한다.

[유의사항]

◦ 물건의 개수를 비교할 때 '더 많다, 더 적다, 가장 많다' 등의 표현을 할 수 있는지 관찰한다.

수해력 심층 진단 활동지

학년   반   번   이름:

활동 순서	학생 활동
① 더 많은 모양 찾기	
② 더 적은 모양 찾기	
③ 가장 많은 모양 찾기	

수 세기 심층 진단검사지

번호	영역	주제	준비물
2-1	수 세기	일대일 대응, 안정된 수 이름, 집합수, 순서무관의 원리	•
활동 목표		◦ 대상을 안정된 수 이름으로 일대일 대응시키며 셀 수 있다. ◦ 마지막으로 센 수가 전체 대상의 개수임을 알 수 있다. ◦ 대상을 세는 순서가 달라져도 개수가 같음을 알 수 있다.	

교사 발문	기대되는 학생 반응(예시)
① 바둑돌을 손가락으로 짚어 가며 소리 내어 세어 보세요.	
② 모두 몇 개입니까?	9개입니다.
②-㉠ (이전에 시작했던 바둑돌과 다른 바둑돌을 짚으며) 여기 있는 바둑돌부터 센다면 몇 개일까요? 손가락으로 짚어 가며 소리 내어 세어 보세요.	같아요.

[진단기준]
◦ ①[일대일 대응과 안정된 수 이름]: 바둑돌을 손가락으로 하나씩 짚어 가며 정해진 수 계열(하나, 둘, …, 아홉 또는 일, 이, …, 구)에 맞게 하나씩 소리 내어 센다면 도달로 진단한다. 단, 정해진 수 계열이 아니거나 수를 셀 때 사물 하나에 수사를 하나씩 대응하지 못한다면 도달하지 못한 것으로 진단한다.
◦ ②[집합수와 순서 무관]: 마지막에 센 수 이름이 지금까지 센 바둑돌 전체의 수(9개)임을 안다면 도달로 진단한다.

[유의사항]
◦ ①, ②-㉠번: 바둑돌의 수를 셀 때 하나씩 짚어 가며 소리 내어 세도록 한다.
◦ 안정된 순서의 원리, 일대일 대응의 원리, 순서무관의 원리 기수(집합수)의 원리 등을 지켜가면서 세는지 살펴본다.

<수 세기 원리>
• 안정된 순서의 원리: 수를 센다는 것은 변하지 않는 어떤 계열로 정렬된다는 것을 의미한다. 따라서 반드시 정해진 수 계열을 이용해야만 한다.
• 일대일 대응의 원리: 수를 셀 때 사물 하나에 수사가 하나씩 대응되어야 한다는 것이다.
• 순서무관의 원리: 수를 세는 것은 세는 순서와 상관이 없다. 따라서 대상의 수를 셀 때 어떤 대상을 먼저 셀 것인지와 관계없이 대상의 수는 항상 일정하다.
• 기수의 원리: 마지막으로 사용된 수 이름이 대상의 개수이다. 어떤 대상을 먼저 세는지, 어떤 순서로 세든지 상관없이, 마지막에 말한 대상의 수 이름이 센 묶음의 집합수이다.

수해력 심층 진단 활동지

학년   반   번   이름:

활동 순서	학생 활동
①,②-㉠ 바둑돌을 손가락으로 짚어 가며 소리 내어 세기	
② 모두 몇 개인지 말하기	

번호	영역	주제	준비물
2-2	수 세기	앞으로 세기, 거꾸로 세기, 뛰어 세기	바둑돌 10개
활동 목표		◦ 수를 앞으로 셀 수 있다. ◦ 수를 거꾸로 셀 수 있다. ◦ 수를 뛰어 셀 수 있다.	

교사 발문	기대되는 학생 반응(예시)
① (교사가 바둑돌 4개를 제시한 후) 바둑돌이 모두 몇 개입니까?	4개입니다.
② 10이 될 때까지 바둑돌을 하나씩 더 놓으면서 세어 보세요.	5, 6, 7, 8, 9, 10입니다.
③ (학생용 검사지 ③번 칸에 바둑돌 10개를 제시한 후) 바둑돌 1개가 남을 때까지 바둑돌을 하나씩 밖으로 옮겨 가며 남은 바둑돌의 수를 세어 보세요.	10, 9, 8, 7, 6, 5, 4, 3, 2, 1입니다.
④ (학생용 검사지 ④번 칸에 바둑돌 10개를 제시한 후) 바둑돌을 2개씩 묶으면서 모두 몇 개인지 세어 보세요.	2, 4, 6, 8, 10입니다.

[진단기준]
◦ ①~②[앞으로 세기]: 바둑돌이 4개임을 말하고, 5부터 앞으로 세기(오, 육, …, 십 또는 다섯, 여섯, …, 열)를 하면 도달로 진단한다.
◦ ③[거꾸로 세기]: 10부터 9, 8, 7, …, 1까지 남은 바둑돌의 수를 거꾸로 세면 도달로 진단한다.
◦ ④[뛰어 세기]: 바둑돌을 2개씩 묶어서 2, 4, 6, 8, 10으로 뛰어 세면 도달로 진단한다.

[유의사항]
◦ 수를 셀 때 수 이름을 말하면서 세도록 한다.
◦ 수 이름을 말할 때 하나, 둘, 셋, …, 또는 일, 이, 삼, …, 모두 허용한다.

번호	수해력 심층 진단 활동지
2-2	학년 반 번 이름:

활동 순서	학생 활동
① 바둑돌 수 세기	
② 바둑돌이 10개가 될 때까지 세기	
③ 바둑돌이 1개 남을 때까지 세기	
④ 바둑돌을 2개씩 묶음으로 세기	

번호	영역	주제	준비물
2-3	수 세기	수 읽기, 수 쓰기	바둑돌 7개
활동 목표	◦ 주어진 수만큼 수를 읽고 쓸 수 있다.		

교사 발문	기대되는 학생 반응(예시)
① 다음 수만큼 바둑돌을 놓아 보세요.	7 ● ● ● ● ● ● ●
② 바둑돌은 모두 몇 개인지 읽으세요.	일곱(칠) 개입니다.
③ 다음 그림을 보고 동그라미가 모두 몇 개인지 읽고 숫자로 써 보세요.	● ● ● ● ● ● ● ● 여덟(팔) 개입니다. 8

[진단기준]
◦ ①~②[수 읽기]: 주어진 수만큼 바둑돌을 놓고 읽을 수 있으면 도달로 진단한다.
◦ ③[수 쓰기]: 주어진 그림을 보고 알맞은 수를 말하고 쓰면 도달로 진단한다.

[유의사항]
◦ 수를 말하고 쓰는 활동을 통해 수량과 숫자, 수사의 관계를 알고 있는지 확인한다.

수해력 심층 진단 활동지

학년   반   번   이름:

활동 순서	학생 활동
① 수만큼 바둑돌 놓기	7
② 수 읽기	
③ 수 읽고 쓰기	⬤ ⬤ ⬤ ⬤ ⬤ ⬤ ⬤ ⬤ 개

자릿값 심층 진단검사지

번호	영역	주제	준비물
3-1	자릿값	묶어 세기	바둑돌 84개
활동 목표	◦10개씩 묶어 세기 할 수 있다.		

교사 발문	기대되는 학생 반응(예시)
① (바둑돌 84개를 흩어놓고) ◦바둑돌이 모두 몇 개인지 세어 보세요.	 10개씩 묶어 세어 84개입니다.
(10개씩 묶어 세지 않는 학생에게만 안내) ◦빨리 셀 수 있는 방법으로 다시 세어 보세요.	10개씩 묶어 세면 빨리 셀 수 있습니다.
② 10개씩 묶음과 낱개의 수를 써 보세요.	<table><tr><td>10개씩 묶음</td><td>낱개</td></tr><tr><td>8</td><td>4</td></tr></table>

[진단기준]
◦주어진 바둑돌을 10개씩 묶어 세고, 10개씩 묶음과 낱개의 수로 나타내면 도달로 진단한다.

[유의사항]
◦①번: 학생이 묶어 셀 수 있도록 바둑돌은 비정형으로 흩어놓으며, 1개씩 모두 세기를 하는지, 2개 이상 묶어 세기를 하는지 확인한다. 이때, 2~9개씩 묶어 세는 학생들에게 10개씩 묶어 셀 수 있도록 유도한다.

번호	수해력 심층 진단 활동지
3-1	( )학년 ( )반 ( )번 이름 ( )

활동 순서	학생 활동
① 바둑돌 세기	
② 10개씩 묶음과 낱개로 나타내기	

10개씩 묶음	낱개

번호	영역	주제	준비물
3-2	자릿값	네 자리 수까지 읽고, 쓰기	·
활동 목표		◦두 자리 수, 세 자리 수, 네 자리 수를 읽고, 쓸 수 있다.	

교사 발문	기대되는 학생 반응(예시)		
① 불러 주는 수를 써 보세요.	[두 자리 수] 59, 83	[세 자리 수] 782, 901	[네 자리 수] 7219, 5084
② 제시된 수를 읽어 보세요.	사십(마흔) 육십칠(예순일곱)	백오십팔 육백삼	사천삼백육십일 팔천사백오

[진단기준]

◦불러주는 수를 쓰고, 제시된 수를 모두 읽을 수 있으면 도달로 진단한다.

[유의사항]

◦두 자리 수는 1학년 2학기 1단원, 세 자리 수는 2학년 1학기 1단원, 네 자리 수는 2학년 2학기 1단원에서 학습하기 때문에 학생의 학년 및 학기에 맞게 수를 선택하여 진단한다.

번호	수해력 심층 진단 활동지
3-2	(　)학년 (　)반 (　)번 이름 (　　　)

활동 순서	학생 활동	
① 쓰기		
② 읽기	40	67
	158	603
	4361	8405

번호	영역	주제	준비물
3-3	자릿값	각 자리 숫자가 나타내는 값 알기	·
활동 목표	\multicolumn{3}{l}{◦각 자리의 숫자를 말할 수 있다. ◦각 자리의 숫자가 나타내는 값을 알 수 있다.}

교사 발문	기대되는 학생 반응(예시)
① 각 자리의 숫자가 얼마를 나타내는지 알아보세요. ◦'87'에서 십의 자리와 일의 자리 숫자를 써 보세요. ◦'87'에서 8은 얼마를 나타냅니까? (80) ◦'87'에서 7은 얼마를 나타냅니까? (7)	[두 자리 수] [세 자리 수] [네 자리 수]

[두 자리 수]

87	
십의 자리	일의 자리
8	7

[세 자리 수]

305		
백의 자리	십의 자리	일의 자리
3	0	5

[네 자리 수]

2052			
천의 자리	백의 자리	십의 자리	일의 자리
2	0	5	2

[진단기준]

◦각 자리의 숫자를 알고, 각 자리의 숫자가 나타내는 값을 말할 수 있으면 도달로 진단한다(예: '87'에서 8은 80을 나타냅니다).

[유의사항]

◦두 자리 수는 1학년 2학기 1단원, 세 자리 수는 2학년 1학기 1단원, 네 자리 수는 2학년 2학기 1단원에서 학습하기 때문에 학생의 학년 및 학기에 맞게 수를 선택하여 진단한다.
◦각 자리의 숫자가 얼마를 나타내는지 학생에게 질문하여 확인한다(예: '87'에서 8은 얼마를 나타냅니까?)

수해력 심층 진단 활동지

( )학년 ( )반 ( )번 이름 ( )

활동 순서	학생 활동
① □ 안에 알맞은 수 넣기	※ 각 자리의 숫자가 얼마를 나타내는지 알아보세요.

※ 각 자리의 숫자가 얼마를 나타내는지 알아보세요.

87	
십의 자리	일의 자리

305		
백의 자리	십의 자리	일의 자리

2052			
천의 자리	백의 자리	십의 자리	일의 자리

덧셈 심층 진단검사지

번호	영역	주제	준비물
4-1	덧셈	받아올림이 없는 한 자리 수의 덧셈	바둑돌 10개
		받아올림이 있는 한 자리 수의 덧셈	바둑돌 20개
활동 목표		◦ 받아올림이 없는 한 자리 수의 덧셈을 할 수 있다. ◦ 받아올림이 있는 한 자리 수의 덧셈을 할 수 있다.	

교사 발문	기대되는 학생 반응(예시)
※ 그림을 보고 대답해 봅시다. ① 그림에서 곤충은 모두 몇 마리인지 바둑돌을 놓아 알아보세요.	나비 5마리(○○○○○)와 벌 2(○○)마리를 합하면 모두 7마리입니다. ○○○○○　○○
② 그림에서 벌이 2마리 있어요. 벌이 3마리 더 날아온다면 벌은 모두 몇 마리가 될지 바둑돌을 이용해 알아보세요.	(바둑돌 5개 수판) 5마리가 됩니다.
③ 그림에서 꽃은 모두 몇 송이인지 수판 위에 나타내어 알아보세요.	노란 튤립 8송이와 민들레 6송이를 합하면 14송이입니다. → (수판 표현)

[진단기준]
◦ ①번: 바둑돌을 이용해 곤충의 수만큼 놓고, 7마리임을 알고 있으면 도달로 진단한다.
◦ ②번: 벌 2마리를 나타낸 후, 벌 3마리를 더 나타내어 5마리가 됨을 알고 있으면 도달로 진단한다.
◦ ③번: 수판 위에 칸을 8개 색칠하고, 6개 색칠하여 합이 14임을 알고 있으면 도달로 진단한다.
　　　　(수판 위에 바둑돌을 올려놓아 맞게 표현해도 도달로 진단한다.)

[유의사항]
◦ ①번, ②번 문항은 1학년 1학기에, ③번 문항은 1학년 2학기에 할 수 있어야 하므로 학습 내용에 맞게 진단한다.

활동 순서	학생 활동
① 나비와 벌의 수 바둑돌로 놓기	
② 벌의 수 알아보기	
③ 꽃의 수를 수판에 나타내기	

번호	영역	주제	준비물
4-2	덧셈	받아올림이 없는 (두 자리 수) + (한 자리 수)	수 모형
활동 목표	◦받아올림이 없는 (두 자리 수) + (한 자리 수)의 계산을 할 수 있다.		

교사 발문	기대되는 학생 반응(예시)
※ 초콜릿은 모두 몇 개인지 알아봅시다. ① 초콜릿은 모두 몇 개인지 식으로 써 보세요.	15+4
② 수 모형으로 계산 과정을 설명해 보세요.	

[진단기준]

◦ 15+4로 쓰고 계산 과정을 수 모형을 이용하여 같은 자릿값끼리 더하는 것을 설명하면 도달로 진단한다.

[유의사항]

◦ ①번: 15+4=19라고 써도 맞다.
◦ 19라고 쓰기만 하는 것보다 어떻게 계산하였는지 설명함으로써 학생이 덧셈의 원리를 알고 있는지 확인한다.

번호	수해력 심층 진단 활동지
4-2	( )학년 ( )반 ( )번 이름 ( )

활동 순서	학생 활동
① 식으로 나타내기	 식 _____
② 수 모형으로 설명하기	

번호	영역	주제	준비물
4-3	덧셈	받아올림이 없는 (두 자리 수) + (두 자리 수)	수 모형
활동 목표		◦ 받아올림이 없는 (두 자리 수)+(두 자리 수)의 계산을 할 수 있다.	

교사 발문	기대되는 학생 반응(예시)
수일이는 반 친구들과 줄넘기를 하였습니다. 수일이는 25회, 도영이는 23회를 뛰었습니다. ① 수일이와 도영이가 뛴 줄넘기는 모두 몇 회인지 식으로 써 보세요.	25 + 23
② 수 모형을 이용해 계산 과정을 설명해 보세요.	25+23=48 $$\begin{array}{r} 2\ 5 \\ +\ 2\ 3 \\ \hline 4\ 8 \end{array}$$

[진단기준]

◦ 식으로 나타내고 수 모형을 이용해 같은 자릿값끼리 더하는 계산 원리를 설명하면 도달로 진단한다.

[유의사항]

◦ 문제 상황을 파악하지 못하는 학생에게는 교사가 문제를 다시 설명하고, 수 모형을 이용하여 식으로 나타내어 보게 한다.
◦ 계산은 맞고 과정에 문제가 있을 경우 재지도한다.
◦ 재지도 시 학생의 수준에 따라 (몇십)+(몇십), (몇십 몇)+(몇십), (몇십 몇)+(몇십 몇)의 순서로 지도할 수 있다.

번호	수해력 심층 진단 활동지
4-3	( )학년 ( )반 ( )번 이름 ( )

활동 순서	학생 활동
	수일이는 반 친구들과 줄넘기를 하였습니다. 수일이는 25회, 도영이는 23회를 뛰었습니다.
① 식으로 나타내기	
② 수 모형을 이용해 설명하기	

번호	영역	주제	준비물
4-4	덧셈	받아올림이 있는 (두 자리 수) + (두 자리 수)	수 모형
활동 목표		◦받아올림이 있는 (두 자리 수)+(두 자리 수)의 계산을 할 수 있다.	

교사 발문	기대되는 학생 반응(예시)
나리는 민수와 보드게임을 하고 있습니다. 나리가 모은 점수는 28점, 민수가 모은 점수는 17점입니다. 나리와 민수가 모은 점수는 모두 몇 점입니까? ① 나리와 민수가 모은 점수는 모두 몇 점인지 식으로 써 보세요.	$28 + 17$
② 수 모형을 이용해 계산 과정을 설명해 보세요.	 $28+17=45$ $\begin{array}{r} 1 \\ 2\ 8 \\ +\ 1\ 7 \\ \hline 4\ 5 \end{array}$

[진단기준]
◦수 모형을 이용하여 자릿값끼리 계산함을 알고, 일의 자리끼리 더해 받아올림을 하여 계산 과정을 설명하면 도달로 진단한다.

[유의사항]
◦문제 상황을 파악하지 못하는 학생에게는 교사가 문제를 다시 설명하고, 수 모형을 이용하여 식으로 나타내어 보게 한다.
◦계산은 맞고 과정에 문제가 있을 경우 재지도한다.
◦계산을 할 때, 학생이 편리하다고 생각하는 방법으로 해결하도록 하나 계산 원리를 이해하게 하는 데 초점을 둔다.

수해력 심층 진단 활동지

( )학년 ( )반 ( )번 이름 ( )

활동 순서	학생 활동
	나리는 민수와 보드게임을 하고 있습니다. 나리가 모은 점수는 28점, 민수가 모은 점수는 17점입니다.
① 식으로 나타내기	
② 수 모형을 이용해 설명하기	

뺄셈 심층 진단검사지

번호	영역	주제	준비물
5-1	뺄셈	한 자리 수 뺄셈	•
활동 목표	|

활동 목표	◦ 그림에 알맞은 뺄셈을 할 수 있다.

교사 발문	기대되는 학생 반응(예시)
① 우유와 컵의 수를 비교해 보세요. 어느 쪽이 몇 개 더 많은지 그림을 이용하여 설명해 보세요.	우유가 2개 더 많습니다.
② 우유가 5잔 있었습니다. 2잔을 마셨다면 몇 잔 남는지 그림을 이용하여 설명해 보세요.	3잔

[진단기준]
◦ ①번: 비교 상황을 그림을 이용하여 설명할 수 있으면 도달로 진단한다.
◦ ②번: 제거 상황을 그림을 이용하여 설명할 수 있으면 도달로 진단한다.

[유의사항]
◦ 암산으로 뺄셈하여 답만 이야기하는 학생에게 어떻게 계산하였는지 그림을 이용하여
   설명해 보도록 하여 뺄셈의 원리를 알고 있는지 확인한다.

수해력 심층 진단 활동지

( )학년 ( )반 ( )번 이름 ( )

활동 순서	학생 활동
① 상황에 알맞게 문제 해결하기	※ 우유와 컵의 수를 비교해 보세요. 어느 쪽이 몇 개 더 많은지 그림을 이용하여 설명해 보세요.
② 상황에 알맞게 문제 해결하기	※ 우유가 5잔 있었습니다. 2잔을 마셨다면 몇 잔 남는지 그림을 이용하여 설명해 보세요.

번호	영역	주제	준비물
5-2	뺄셈	받아내림이 없는 (두 자리 수)-(한 자리 수)	수 모형(십 모형 20개, 낱개 모형 20개)
활동 목표		◦받아내림이 없는 (두 자리 수)-(한 자리 수)의 계산을 할 수 있다.	

초콜릿이 17개, 사탕이 6개 있습니다.
초콜릿과 사탕 중 어느 것이 몇 개 더 많은지 알아보세요.

교사 발문	기대되는 학생 반응(예시)
① 초콜릿과 사탕 중 어느 것이 몇 개 더 많은지 식으로 써 보세요.	17-6
② 수 모형으로 계산 과정을 설명해 보세요.	

[진단기준]
◦17-6 또는 17-6=11로 쓰고, 계산 과정을 수 모형을 이용하여 설명하면 도달로 진단한다.

[유의사항]
◦수 모형으로 17을 나타낼 때 낱개 모형만으로 나타내는 경우에는 십 모형을 이용하여 다시 나타내어 보도록 하고, 이후에 자릿값-묶어 세기 활동을 추가 지도한다.
◦어떻게 계산하였는지 설명해보게 하여 학생이 뺄셈의 원리를 알고 있는지 확인한다.

번호	수해력 심층 진단 활동지
5-2	( )학년 ( )반 ( )번 이름 ( )

활동 순서	학생 활동
	초콜릿이 17개, 사탕이 6개 있습니다. 초콜릿과 사탕 중 어느 것이 몇 개 더 많은지 알아보세요.
① 식으로 나타내기	
② 수 모형으로 설명하기	

번호	영역	주제	준비물
5-3	뺄셈	받아내림이 있는 (두 자리 수)-(한 자리 수)	수 모형(십 모형 30개, 낱개 모형 20개)
활동 목표		◦받아내림이 있는 (두 자리 수)-(한 자리 수)의 계산을 할 수 있다.	

색종이가 22장 있습니다. 종이접기를 하면서 6장을 사용했습니다.
색종이는 몇 장 남았습니까?

교사 발문	기대되는 학생 반응(예시)
① 사용하고 남은 색종이가 몇 장인지 식으로 써 보세요.	22-6
② 수 모형으로 계산 과정을 설명해 보세요.	 22-6=16

[진단기준]
◦ 주어진 상황을 식으로 나타내고, 수 모형을 이용하여 십의 자리에서 받아내림을 하여 계산 과정을 설명하면 도달로 진단한다.

[유의사항]
◦ 문제 상황을 파악하지 못하는 학생에게는 교사가 수 모형을 제시하여 설명하고, 식으로 나타내어 보게 한다.
◦ 수 모형으로 22를 나타낼 때 낱개 모형만으로 나타내는 경우에는 십 모형을 이용하여 다시 나타내어 보도록 하고, 이후에 자릿값-묶어 세기 활동을 추가 지도한다.
◦ 계산은 맞고 과정에 문제가 있을 경우 재지도한다.

<table>
<tr><td>번호
5-3</td><td colspan="2" style="text-align:center">수해력 심층 진단 활동지
( )학년 ( )반 ( )번 이름 ( )</td></tr>
</table>

활동 순서	학생 활동
	색종이가 22장 있습니다. 종이접기를 하면서 6장을 사용했습니다. 색종이는 몇 장 남았습니까?
① 식으로 나타내기	
② 수 모형으로 설명하기	

번호	영역	주제	준비물
5-4	뺄셈	받아내림이 있는 (두 자리 수)-(두 자리 수)	수 모형(십 모형 50개, 낱개 모형 30개)
활동 목표		◦받아내림이 있는 (두 자리 수)-(두 자리 수)의 계산을 할 수 있다.	

<table>
<tr>
<td colspan="2" align="center">지윤이는 줄넘기를 42번, 동생은 18번 넘었습니다.
지윤이는 동생보다 줄넘기를 몇 번 더 넘었습니까?</td>
</tr>
<tr>
<td align="center">교사 발문</td>
<td align="center">기대되는 학생 반응(예시)</td>
</tr>
<tr>
<td>① 지윤이가 동생보다 줄넘기를 몇 번 더
넘었는지 알아보기 위한 식으로 써 보세요.</td>
<td align="center">42-18</td>
</tr>
<tr>
<td>② 수 모형으로 계산 과정을 설명해 보세요.</td>
<td>

42-18=24

$$\begin{array}{r} {\scriptstyle 3\ \ 10} \\ \not{4}\ \ 2 \\ -\ 1\ \ 8 \\ \hline 2\ \ 4 \end{array}$$
</td>
</tr>
</table>

[진단기준]
◦주어진 상황을 식으로 나타내고, 수 모형을 이용하여 자릿값끼리 계산함을 알고, 십의
자리에서 받아내림을 하여 계산 과정을 설명하면 도달로 진단한다.

[유의사항]
◦문제상황을 파악하지 못하는 학생에게는 교사가 수 모형을 제시하여 설명하고, 식으로
나타내어 보게 한다.
◦수 모형으로 42를 나타낼 때 낱개 모형만으로 나타내는 경우에는 십 모형을 이용하여
다시 나타내어 보도록 하고, 이후에 자릿값-묶어 세기 활동을 추가 지도한다.
◦계산은 맞고 과정에 문제가 있을 경우 재지도한다.
◦재지도시 학생의 수준에 따라 (몇십)-(몇십), (몇십 몇)-(몇십), (몇십 몇)-(몇십 몇)의
순서로 지도할 수 있다.

활동 순서	학생 활동
	지윤이는 줄넘기를 42번, 동생은 18번 넘었습니다. 지윤이는 동생보다 줄넘기를 몇 번 더 넘었습니까?
① 식으로 나타내기	
② 수 모형으로 설명하기	

곱셈 심층
진단검사지

번호	영역	주제	준비물
6-1	곱셈	묶어 세기	바둑돌 12개
활동 목표	∘ 묶음을 만들 수 있다. ∘ 몇 묶음인지 설명할 수 있다.		

교사 발문	기대되는 학생 반응(예시)
① (학생에게 바둑돌 12개를 비정형으로 제시하고) 한 묶음당 4씩 묶어 보세요.	
② 모두 몇 묶음입니까?	3묶음입니다.

[진단기준]
∘ 바둑돌 12개를 4씩 3묶음으로 묶고, 3묶음이라고 말할 수 있으면 도달로 진단한다.

[유의사항]
∘ ①번: 바둑돌 12개는 비정형으로 배열하거나 더미로 제공한다.

번호	수해력 심층 진단 활동지
6-1	( )학년 ( )반 ( )번 이름 ( )

활동 순서	학생 활동
① 4씩 묶기	
② 묶음의 수	

번호	영역	주제	준비물
6-2	곱셈	곱셈 의미	연필
활동 목표	◦곱셈의 의미를 이용하여 물건의 수를 셀 수 있다.		

교사 발문	기대되는 학생 반응(예시)
① (검사지를 주고) 모두 몇 개인지 세어 보세요.	
② 어떻게 세었습니까?	- 7씩 3묶음, 모두 21개입니다. - 3씩 7묶음, 모두 21개입니다. 등

[진단기준]

◦제시된 그림을 하나씩 세지 않고 7씩 또는 3씩 묶어 세었다면 도달로 진단한다.

[유의사항]

◦만약 하나씩 세었다면 "묶어서 세어 보세요."라고 추가 발문하도록 한다.

◦덧셈적 사고는 한 수준에서 포함관계를 만들어 이를 수평적으로 증가하여 '얼마 더'로 사고하는 것이고, 곱셈적 사고는 여러 수준에서 포함관계를 만들고 동시에 이것들을 '몇 배'로 사고하는 것이다.

덧셈적 사고	곱셈적 사고

252

수해력 심층 진단 활동지

( )학년 ( )반 ( )번 이름 ( )

활동 순서	학생 활동
① 몇 개인지 세기	 ● ● ● ● ● ● ● ● ● ● ● ● ● ● ● ● ● ● ● ● ●
② 세는 방법	

253

번호	영역	주제	준비물
6-3	곱셈	곱셈식	연필
활동 목표	◦ 곱셈식을 그림으로 나타낼 수 있다.		

교사 발문	기대되는 학생 반응(예시)
① '5×3'을 그림으로 나타내어 보세요.	○ ○ ○ ○ ○ ○ ○ ○ ○ ○ ○ ○ ○ ○ ○ ＊ 비정형 배열의 그림도 허용한다.
② '5×3'이 되도록 묶어 보세요. (①번 활동에서 학생이 묶지 않았다면 학생이 그린 그림을 묶어서 나타내도록 유도한다.)	○ ○ ○ ○ ○ ○ ○ ○ ○ ○ ○ ○ ○ ○ ○

[진단기준]

◦ 똑같은 모양을 5씩 3묶음으로 15개 그리면 도달로 진단한다.

[유의사항]

◦ 그림을 그릴 때 간단한 모양(○, □ 등)으로 나타내도록 한다.
◦ 만약 ①번 활동에서 묶지 않았다면 ②번 발문을 통해 묶어 보게 한다.
◦ 꼭 형식적인 배열이 아니더라도 학생이 5씩 3묶음으로 묶는다면 도달로 진단한다.

번호	수해력 심층 진단 활동지
6-3	( )학년 ( )반 ( )번 이름 ( )

활동 순서	학생 활동
① '5×3'을 그림으로 나타내기	

· 참고문헌 ·

- 교육부(2021). 교사용 지도서 수학 1-1. 서울: 천재교육.
- 교육부(2021). 교사용 지도서 수학 1-2. 서울: 천재교육.
- 교육부(2021). 교사용 지도서 수학 2-1. 서울: 천재교육.
- 교육부(2021). 교사용 지도서 수학 2-2. 서울: 천재교육.
- 김정원, 최지영, 방정숙(2016). 초등학생들은 '='를 어떻게 이해하는가?. 대한수학교육학회지 수학교육학연구 제26권 제1호.
- 박성선, 김민경, 방정숙, 권점례 역(2012). 초등교사를 위한 수학과 교수법. 서울: ㈜경문사.
- 박영훈, 송선미, 김병희, 최하은, 이랑(2017). 1학년 초등수학 어떻게 가르칠 것인가 1학기. 경기: 가갸날.
- 심진경, 석주식, 최순미(2015). 초등수학 개념사전. 서울: 아울북.
- 장혜원 역(2016). 덧셈과 뺄셈의 필수 이해. 서울: 교우사.
- 장혜원, 임미인, 강태석(2015). 초등 수학 부진아의 자릿값 이해 수준. 대한수학교육학회지 수학교육학연구 제25권 제3호.
- 전라남도교육청(2019). 기초 수해력 교육 기본과정 직무연수.
- 전라남도교육청(2019). 기초 수해력 교육 심화과정 직무연수.
- 전라남도교육청(2021). 기초 수해력의 이해와 실제 원격연수.
- 전라남도교육청(2021). 수해력 진단도구 및 지도자료 장학자료.

참된 삶과 교육에 관한
생각 줍기